英語教師のための

音声指導

Q&A

内田洋子・杉本淳子

研究社

はじめに

　「音声の指導は大切！」ということは、英語教員はみな共通認識として持っているはずです。ところが、実際の英語教育の現場では、音声指導は軽視されがちです。これはなぜなのでしょうか？　その理由をまず考えてみたいと思います。

　「音声指導は後回しでよい」という意見を聞くことがあります。理由としてよく耳にするのは、「発音は完璧でなくても通じればよい、大切なのは発音ではなく中身なのだ」といった考え方です。しかし、そもそも「通じる」ためには、通じるための適切な発音が必要であることを忘れてはいけません。そして外国語の場合、母語とは異なり、何もしなくとも自然と「通じる発音」が身につくわけではなく、適切な指導が必要なのです。

　音声指導が後回しにされる理由として、「教える時間がないから」という現実的な問題も聞きます。たしかに、限られた授業時間の中で、文法・語彙・読解・作文など多くのことを教えなければならず、音声指導に長い時間をとることは難しい状況であるのも事実です。

　しかし、日本語であれ外国語であれ、ことばによるコミュニケーションの根幹を成すのは音声です。毎日の生活を送る中で、音声によるコミュニケーションなしで一日を過ごすことはほとんどありません。生徒たちが、英語の音声をきちんと聞き取り、発音できるようになるためには、授業で音声を教えることが必要なのです。そしてそのためには、英語を教える教員が、音声指導についての十分な知識と技術を持っていることが不可欠です。

　本書は、英語教員を対象に、「音声指導の基本」を解説する本です。一番の特徴は、「この一冊を読めば、音声指導の全体像がつかめる」ようになっていることです。英語音声を細部まで理解するためには、専門的な本を読んだり、発音練習を重ねたりする必要があります。ただ、いきなり専門的な本を読んでも、内容が理解しにくかったり、指導に生かしづらかったりします。そこで本書では、生徒が「わかりやすく通じる英語発音」ができるようになるために「これだけは押さえておきたい」という優先度の高い項目を、

Q&A 形式でわかりやすく解説する内容にしました。小学校・中学校・高校で英語を教えている先生や、教員を目指す学生に、ぜひ手にとっていただきたいです。

　私たちは、英語の音を研究する学問分野である、英語音声学を専門としています。これまで、「日本語母語話者は英語の音声のどこを難しいと感じるのか」「どのような英語発音が聞き取りやすいのか」といったことを研究してきました。また大学教員として、英語の教員免許状の取得を目指す学生を対象に、音声学の指導もしています。

　本書は、私たちが研究で得た知見と、大学生への指導経験をもとに執筆しています。発音や聞き取りには個人差があり、「この方法で教えれば必ず身につく！」という魔法の指導法は残念ながらありません。ただ、これまでの経験から、「この説明なら理解してもらえる・効果がある」というアイディアを、ふんだんに盛り込んであります。本書を、実際の音声指導に少しでも役立ててもらえれば幸いです。

　本書の執筆は、多くの方々の支えなしには実現しませんでした。研究社編集部の高野渉氏には、本書の構成や内容から、文章表現、煩雑な音声表記のチェックまで、大変お世話になりました。心より感謝申し上げます。原稿に多くの貴重なご助言を下さった清水あつ子先生、様々な相談にのって下さった斎藤弘子先生にも厚くお礼を申し上げます。また、音声学の奥深さを教えて下さった故 竹林滋先生に、本書執筆のご報告ができることをとても嬉しく思います。

　私たちの授業や研究は、様々な反応とインプットを与えてくれる学生たちがいてはじめて成り立つものです。これまで関わった学生のみなさん、ありがとうございました。最後に、勉学の機会を与え、研究をずっと見守ってくれているそれぞれの両親に、心から感謝します。

2020 年 3 月
内田洋子・杉本淳子

目次

第 II 部　音声指導の実践編 63

音声指導はどのように授業にもりこめばよいのか？ 64

〈音声指導の基本〉

〈談話レベルの発音〉

〈単語レベルの発音〉

音声・解答のダウンロード方法

●音声のダウンロード

本書で ⎡🔊 000⎤ の記号がついている箇所には、音声ファイルが用意されています。英語音声ファイルは、研究社の Web サイトから無料でダウンロードできます。

【ダウンロード方法】

①研究社 Web サイト（http://www.kenkyusha.co.jp/）を開く。

| 研 究 社 | 検 索 |

②「音声・各種資料ダウンロード」をクリック。

③一覧から『**英語教師のための　音声指導 Q&A**』を探し、「ダウンロード」ボタンをクリック。

④保存する場所を選んでファイルを保存。zip ファイルがダウンロードされます。

⑤ファイルを保存した場所を開き、zip ファイルを解凍。MP3 形式の音声データが収録されています。

【本書との対応】

本書中の ⎡🔊 000⎤ の数字が、音声ファイルのファイル名に対応しています。
［例］⎡🔊 045⎤　→　045.mp3

【音声のナレーター】

Hannah Grace, Emma Howard, Josh Keller

●「指導アイディア」解答のダウンロード

本書の「指導アイディア」には、Web 上に「解答」を用意しています。
ダウンロード方法は、上述の「音声のダウンロード」と同様です。

本書で用いる記号

/ /	音素を表す
[ ]	音声や異音を表す
.	英語の音節や日本語のモーラの区切りを示す
|	イントネーション群の境界を示す
___ または 囲み	文中で強く発音する単語を示す
CAPital	イントネーションの焦点となる音節は大文字で示す
↘ ↗ ⌒ ⌣ →	イントネーションの種類を表す
〈 〉	文字やつづり字を表す
*	ありえない音声・文法パターンを示す

本書で用いる子音・母音・強勢記号については、Q.29 を参照のこと。

第I部
音声指導の知識編

音声指導には何が必要なのか？

個々の Q&A を読む前に、まずは「音声指導の全体像」を知ってほしいと思います。

英語教員に求められる 3 つの「音声指導力」

筆者らが考える「英語教員に必要な音声指導力」は、以下の 3 つにまとめることができます（cf. 杉本・内田，2020）。

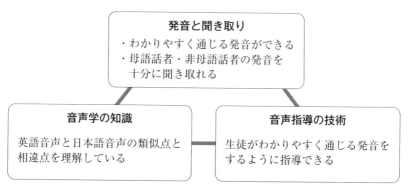

図 1　音声指導力の 3 要素

以下では、それぞれについて詳しく見ていくことにします。

「発音と聞き取り」の実践力をつける

英語教員に求められるのは、母語話者・非母語話者と英語でコミュニケーションできる力です。コミュニケーションできる力とは、「発音する力」と「聞き取る力」の両方を指します。

発音の面では、日本語の痕跡が多少残っていても構わないので、相手に十分に伝わる発音力が必要です。生徒が真似できるモデルになることを目指しましょう。

聞き取りの面では、例えば相手の英語が地域方言であったり外国語の影響があったりしても、対応できる力が求められます。

「音声学の知識」を持つ

　英語の音声を教えるならば、英語と日本語の音声体系について十分に理解している必要があります。特に、2つの言語の音声的な類似点や相違点について知っていると、生徒に説明するときに役立ちます。

　英語は、日本語とは異なる音声体系を持っています。母音・子音・強勢・リズム・イントネーションといった項目について、日本語と対照させながら説明できる知識を身につけましょう。

「音声指導の技術」を身につける

　英語教員は、音声についての知識だけでなく、その知識を「教える」力も求められます。例えば、生徒にとって難しい概念を噛み砕いて説明する力、生徒の発音に対して適切なフィードバックをする力、生徒の英語力に合わせたアクティビティを作る力、生徒のパフォーマンスを適切に評価できる力、など多岐にわたります。

知識編の構成

　本書は、上記3点の「音声指導力」のうち、主に「音声学の知識」と「音声指導の技術」に関わる内容を取りあげています。

　第Ⅰ部「知識編」では、「音声学の知識」に焦点を当てます。まず、英語がどのような言語かを概観し（Q.1〜Q.3）、その上で、音声指導のモデルやゴール、優先して指導すべき音声項目について説明します（Q.4〜Q.6）。多様性のある現代英語の使用者として、英語が母語ではない日本人教員も発音指導を担う資格を十分に有していることにも触れます。

　知識編の後半では、母音・子音・強勢・リズム・イントネーションといった、音声学の基礎知識を解説します（Q.7〜Q.15）。発音とつづり字の関係、発音の仕方を説明する際によく用いられる用語といった、多くの教員が知りたいであろうトピックについても説明します。

　この知識編の内容は、続く第Ⅱ部「実践編」の土台となります。実践編で扱うのは「音声指導の技術」です。

Q1

いま世界ではどのような英語が話されているのか？

　現在の英語の使用状況について、教員が知っておくべきことがあれば教えてください。

A　英語は母語話者よりも非母語話者が多い言語です。英語が国際共通語であることを理解した上でコミュニケーションをする心構えが必要です。

英語話者の3つのグループ

　英語話者と一言でいっても、実に多様です。世界の英語話者を説明するモデルとして、英語話者を Inner Circle, Outer Circle, Expanding Circle の「3つの円」に分けて捉えるモデルがよく知られています（Kachru, 1992）。

　1つ目の Inner Circle は、英語を母語として使用するグループです。アメリカ、イギリス、オーストラリアなどが代表例です。英語学習者がモデルとして使用するのは、多くの場合このグループの英語です。

　2つ目の Outer Circle は、英語が日常的に使われることが多いグループです。シンガポール、インド、フィリピンなどがこのグループに入ります。英語は公用語などとして指定されていることがあり、メディア・経済・政治

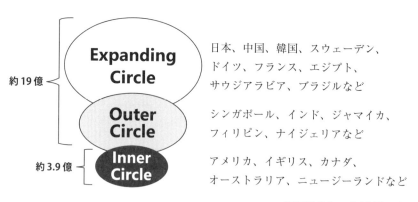

約19億 { Expanding Circle — 日本、中国、韓国、スウェーデン、ドイツ、フランス、エジプト、サウジアラビア、ブラジルなど

Outer Circle — シンガポール、インド、ジャマイカ、フィリピン、ナイジェリアなど

約3.9億 { Inner Circle — アメリカ、イギリス、カナダ、オーストラリア、ニュージーランドなど

※話者数は Crystal（2019）による
図2　英語の「3つの円」

といった分野で用いられています。語彙や文法規則には、Inner Circle の英語と異なる点はあるものの、独立した体系を持っており、そのため **New Englishes**（新英語）と呼ばれています。

3つ目の Expanding Circle は、英語を日常的には使わないものの、学校で外国語として学ぶような国々です。日本はこのグループに含まれます。他にもアジアでは中国や韓国、ヨーロッパの多くの国々がここに入ります。Expand（＝拡大する）という名称が示す通り、この Circle は広がり続けていて、最も人数が多いグループです。

一般的に Inner Circle が「**母語話者＝ネイティブ・スピーカー**」、Outer Circle と Expanding Circle が「**非母語話者＝ノン・ネイティブ・スピーカー**」と呼ばれるグループです。母語話者と非母語話者の二分割論は適切ではないと考える研究者もいるのですが、本書ではこれらの用語を使うことにします。

もちろん、3つの円のモデルには弱点もあります。人の移動が昔よりも簡単になり、国を基本とした分類には限界があるでしょう。同じ国の中にも、様々な言語話者がいます。例えば、アメリカにはスペイン語が第一言語である人も多くいます。また、Outer Circle には母語話者と呼んで差し支えないような英語話者もたくさんいます。

さらに、それぞれの Circle の話者数も、正確とはいえません。左の図には大体の数字を書きましたが、実際の英語話者数の算出は困難です。人口が日々変化していることに加え、「英語話者」をどう定義するかも難しいためです。例えば日本でいうと、中高で6年間英語を学んだ学習者は「英語話者」と言ってよいのでしょうか。

以上のように、いくつか考慮すべき点はあるものの、このモデルは現在の英語を取りまく状況をわかりやすく示しています。重要な事実は、「英語は母語話者よりも非母語話者が圧倒的に多い言語」だということです。現在、このような言語は英語の他にはありません。

国際共通語としての英語

上の「3つの円」を踏まえて、「なぜ英語を勉強するのか？」という疑問について考えてみましょう。

「英語を勉強するのはアメリカ人やイギリス人をはじめとした母語話者と

コミュニケーションできるようになるためである」（下図A）。このように想像している学習者は多いのではないでしょうか。だからこそ一生懸命「母語話者の英語が聞き取れるように」、「母語話者に通じる英語が話せるように」ということを目標に英語を勉強するわけです。

　しかし、実際は母語話者よりも非母語話者が数では大幅に上回っています。これは、現実の英語コミュニケーションでは下図Bのようなケースがずっと多いことを意味しています。このような環境で使われる英語を**国際共通語としての英語**（English as a lingua franca あるいは English as an international language）といいます。

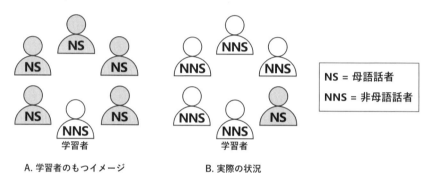

A. 学習者のもつイメージ　　　　B. 実際の状況
図3　英語コミュニケーション

　例えばイギリスに留学したとしても、イタリア人や中国人と、英語で話す機会が多いかもしれません。ビジネスで海外に出かけ、ポルトガル人やインド人、エジプト人と英語で交渉する必要が生じることもあるでしょう。このような状況では、様々な言語背景を持つ人々の、様々な癖のある英語を聞き取り、かつ相手に自分の英語を理解してもらう必要があります。

　単語一つをとっても、coffee を日本人であればコーヒー、中国人であればカーフェイ、韓国人であればコピのように発音するかもしれません。rainはオーストラリア人であればライン、スコットランド人であればレーンのように発音するわけで、母語話者の英語も様々です。

　もちろん、全員がてんでバラバラの、癖の強い英語を話していたのでは通じません。どんな英語が通じるのかというのは一概には言えませんが、確かなのは「全員」が通じあう努力をしなければいけないことであり、それは母語話者でも非母語話者でも同じことです。

多様な英語を知る

　生徒は左図 B のような、国際共通語としての英語でコミュニケーションする力をつけることが求められています。そのために必要な第一歩は、多様な英語を知ることです。自分とは異なる文化や人を知ることは、英語教育の大きな目標の一つとして掲げられています。

　筆者らが日本の公立中学校で使われている英語の検定教科書 6 種を調べてみたところ、以前と比較すると国際性、異文化理解の要素が積極的に取り入れられていることがわかりました。ところが、教科書付属の音声教材を聞くと、発音についてはほとんどの場合、いわゆる標準的なアメリカ発音が使われているのです（Sugimoto & Uchida, 2018b）。残念ながら、音声面の多様性はおおいに不足しています。

　したがって、教員の役割の一つは、多様な英語に触れる機会をつくることです。もちろん、多様性を強調しすぎて混乱を招くことは避けなければいけませんが、早い段階で「英語とはこんなにも多様なのだ」と気づいてもらうことは大切です。

　実際、日本の教室で教える ALT（Assistant Language Teacher）がインド、シンガポールなど Outer Circle 出身であったり、あるいはクラスに日本とは異なる文化背景を持つ生徒がいたりと、多様化は少しずつ進んでいます。このように、クラス内で多様性に触れる機会があるのであれば、それはたいへん貴重であり、ぜひ生かす努力をする必要があるでしょう。反対に、教員も生徒もみな日本語を母語とする単一言語の環境であれば、多様性に触れる機会を積極的につくることが教員の役目です。

　多様な英語を聞くことにはメリットもあります。例えば「母語話者のように完璧な英語を話さなければいけない」という呪縛から生徒を解放すること、さらには自分の英語に自信を持つことにもつながります。

ポイント

・英語は母語話者よりも非母語話者が多い言語
・多様な英語発音を聞く機会をもうけよう
・コミュニケーションでは「通じあう」ための努力が必要

アメリカ発音とイギリス発音は何が違うのか？

　アメリカ発音とイギリス発音には、どのような違いがあるでしょうか？
生徒に英語を教える上で、押さえておくべき項目を知りたいです。

　A　アメリカ発音とイギリス発音の違いは、母音・子音・強勢など、たく
さんのレベルであります。特に重要なのは、母音の後の〈r〉の発音や、発
音が異なる頻出語などです。

アメリカ発音とイギリス発音の成り立ち

　「アメリカ英語」と「イギリス英語」の発音の差を理解するには、まずそ
れぞれの英語の「成り立ち」を知ることが大切です。一口に、アメリカ発
音・イギリス発音といっても、その中にも様々な発音があります。

　まずはイギリス英語の歴史を見てみましょう。イギリスはアメリカよりも
面積は小さい国ですが、方言はずっと豊富です。その理由は歴史にあります。

　英語はもともとイギリスで使われ始めた言語です。古くは人の行き来は今
ほど活発ではなかったため、町ごと・地方ごとに異なる発音が発達し、それ
がそのまま残っています。リバプールの発音、バーミンガムの発音など、都
市に根づく有名な発音は今でもたくさんあります。

　このように、「イギリス英語の発音」といっても様々な種類がありますが、
その中で、学習者がモデルとする発音は**容認発音**（Received Pronunciation;
RP）と呼ばれてきました。「容認」とは「社会に受け入れられている」とい
う意味です。RP は、教養がある上流階級の人々が使う発音に由来し、特定
の地域とは結びついていない「社会的な方言」と言われます。ただ、実際に
RP の使用者は、人口の 3〜5% 程度と言われています。RP という呼称も今
ではやや古くなり、もう少し広く捉えて GB（General British）などと呼ぶよ
うになっています（Cruttenden, 2014; Collins, Mees, & Carley, 2019）。

　一方、アメリカ英語は、イギリス英語に比べて方言の地域差は少なめです。
17 世紀から 18 世紀中頃にかけて、イギリスをはじめとしたヨーロッパの
国々がアメリカへ大規模な入植を開始し、多くの人が大西洋を渡りました。

当初は主に東海岸への入植でしたが、土地を求めて西部への開拓が進みました。人が移動し交流が起きると、方言差は小さくなります。そのため、アメリカは面積の割には方言差が小さく、主な方言は、南部方言やニューヨーク方言などに限られています。

　このうち、最も多くの人が使う、私たちが学校教育を含めてよく耳にするアメリカ英語の発音を**一般米語**（General American; GA）と呼びます。アメリカの中西部の広い地域で使われている発音です。

　本書では、GA のような発音を**アメリカ発音**、RP や GB のような発音を**イギリス発音**と呼ぶこととします。以下では、アメリカ発音とイギリス発音の主な違いを説明します。

母音の後の〈r〉の発音

　アメリカ発音とイギリス発音の一番大きな違いは、〈r〉の発音です。時々「イギリス英語では R は発音しない」と言う人がいますが、これは言い過ぎで、イギリス発音にも /r/ はあります。rabbit, sorry, dream など、〈r〉の次に母音が続く位置では、/r/ は必ず発音されます。〈r〉を発音する・しないの違いがでてくるのは、次の単語のように、母音の後ろに〈r〉が現れるときです。アメリカ発音、イギリス発音の順に聞いてみましょう。🎤 001

	fur	fear	fair	far	four	tour
アメリカ発音	/fɚ́ː/	/fíɚ/	/féɚ/	/fáɚ/	/fɔ́ɚ/	/túɚ/
イギリス発音	/fɔ́ː/	/fíə/	/féə/	/fáː/	/fɔ́ː/	/túə/

　アメリカ発音のように、つづり字〈r〉をすべて発音するものを **R 音性のある**（rhotic, r-ful）発音、イギリス発音のように、〈r〉を母音前の位置でしか発音しないものを **R 音性のない**（non-rhotic, r-less）発音といいます。

　実は、アメリカ発音のような R 音性のある発音が、昔からある古い発音です。その証拠に、単語に〈r〉のつづり字が残っています。イギリス発音も、昔は〈r〉をすべての位置で発音していましたが、南部イングランドを中心に、18 世紀頃に母音の後ろの〈r〉を発音しなくなりました。しかし、18 世紀の中頃までにイギリスからアメリカへ渡っていった人々は、母音の後ろの〈r〉が消失する前の発音をアメリカへ運んでいったのです。

can't の母音の発音

〈r〉の発音の他にも、英米で明確に異なる発音があります。以下のような、アメリカ発音では /æ/、イギリス発音では /ɑ:/ を使う語です。英米ともに /æ/（h<u>a</u>t）と /ɑ:/（f<u>a</u>ther）の両方の母音を持ちますが、下に挙げるような単語では、使用する母音が異なります。アメリカ発音、イギリス発音の順に聞いてみましょう。 🎤 002

	can't	laugh	example	ask
アメリカ発音	/kǽnt/	/lǽf/	/ɪgzǽmpl/	/ǽsk/
イギリス発音	/kɑ́:nt/	/lɑ́:f/	/ɪgzɑ́:mpl/	/ɑ́:sk/

can't のように、/k/ の後ろでは「キャ」「カ」と違いが明らかです。上に挙げた以外にも class, bath, after などがあります。

母音間の /t/ の発音

英米で顕著な違いのある子音は /t/ です。アメリカ発音で、water が「ワーラー」、party が「パーリー」というように、/t/ がラ行音のように聞こえることがあります。このとき、/t/ は舌で上前歯の付け根を一瞬たたく [ɾ] という音に変わるのですが、この現象を /t/ **のたたき音化**（t-tapping）と呼びます。この現象はイギリス発音では生じません。

すべての位置で、/t/ のたたき音化が起こるわけではなく、一定の条件があります。例えば tiger を「ライガー」、attack を「アラック」とは決して言いません。/t/ のたたき音化が起こる例を聞いてみましょう。 🎤 003

cíty, láter, reálity, áuto, cápital, shút up, gét óut

/t/ のたたき音化が起こる条件は、まず /t/ が母音に囲まれていることです。語内であれば、「強い母音 + /t/ + 弱い母音」または「弱い母音 + /t/ + 弱い母音」という位置に限られます。gét óut が「ゲラウト」と聞こえるように、単語間のときは「強い母音 + /t/ + 強い母音」という位置でも可能です。

/t/ の発音に注目してみるのも、英米の発音差を知る一つの方法です。

その他、発音に英米差がある単語

　母音の後の〈r〉や母音間の /t/ は、ルールにしたがって体系的に説明ができる英米差です。この他に、単語ごとに英米で発音が異なるものがいくつかあります。代表例を、アメリカ発音、イギリス発音の順に聞いてみましょう。

🎤 004

	schedule	privacy	zebra	herb
アメリカ発音	/skédʒuːl/	/práɪvəsi/	/zíːbrə/	/ɚ́ːb/
イギリス発音	/ʃédjuːl/	/prívəsi/	/zébrə/	/hɚ́ːb/

　カタカナ語の「スケジュール」や「プライバシー」が定着していると、イギリス発音を聞いたときに驚くことになりそうです。

　他にも、英米で強勢の位置が異なる語があります。例えば、adult と weekend は、アメリカ発音では adúlt, wéekend、イギリス発音では ádult, weekénd と発音されるのが一般的です。

　発音を学ぶ上では、モデルを一つ選び真似をしてみることが大切です（→ Q.4）。「通じる発音」のためには、一貫性が重要であると言われているため、このモデルと決めたのであれば、混ざらないほうがよいでしょう。

　一方、聞き取りでは、それぞれの特徴をある程度理解しておく必要があります。例えばアメリカ英語を聞く機会が多いのであれば、/t/ のたたき音化などの特徴を知っておくことは役に立ちます。

◀ ポイント

・英米差で最も代表的なものは、母音の後の〈r〉や母音間の /t/ の発音
・英米で発音が大きく異なる語（can't, schedule など）は要注意
・聞き取りでは、英米の発音それぞれの特徴を知っておく必要あり

Q3

ノン・ネイティブの先生が発音を教えてよいのか？

　ノン・ネイティブ教員が発音を教えることには限界があるような気がします。発音はやはり母語話者が教えるのが一番よいのでしょうか？

A　もちろん英語を母語としない教員が教えていいのです！　ノン・ネイティブ教員の強みをいかしましょう。

ノン・ネイティブ教員が教えることのメリット・デメリット

　このQでは、英語を母語とする教員のことを「ネイティブ教員」、母語としない教員のことを「ノン・ネイティブ教員」と呼ぶことにします。

　はじめに、ネイティブ教員とノン・ネイティブ教員が英語を教えることの、それぞれのメリットとデメリットを考えてみます。香港の英語学習者を対象とした研究では、次のような特徴があがりました (Ma, 2012)。

```
ノン・ネイティブ
教員

＋
・生徒と同じ母語を使うことができる
・生徒の苦労や疑問を理解できる
・生徒の母語を使った説明がわかりやすい
・コミュニケーションがとりやすい

－
・発音や文法の運用が正確でないことがある
・教材や指導法が古いときがある
・英語を練習できる機会が少ない
```

```
ネイティブ
教員

＋
・英語漬けの環境を提供できる
・英語の運用能力が高い
・教え方が楽しくフレンドリー

－
・説明がわかりにくい
・コミュニケーションがとりにくい
・緊張や不安を感じる
・試験対策や文法説明に不安を感じる
```

図4　ノン・ネイティブ教員とネイティブ教員の違い

　当然、英語母語話者でも生徒の母語が使える人もいますし、非母語話者でも母語話者並みの英語運用能力を持っている人もいます。また、何をメリット・デメリットと感じるかは、生徒の性格や英語力によって個人差があります。

　上で紹介したのは香港の英語学習者を対象とした研究ですので、日本で全く同じ結果がでるとは限りません。とはいえ、共通点はありそうです。そして気になるのは、ノン・ネイティブ教員は「発音の運用が正確でないことがある」と指摘されていることです。

発音指導だけは難しい？

　残念ながら、文法や語彙と比較して、発音という領域に関しては、ノン・ネイティブ教員よりもネイティブ教員を好む傾向が強いようです。

　大きな理由は2つあります。まず、多くの英語学習者が、発音の習得は「聞いた通りの発音になる」と思い込んでいるためです。これはちょうど「風邪がうつる」のと似ています。風邪をひいている人のそばにいると風邪がうつってしまうのと同じように、母語話者の発音を聞いていると自然と同じような発音になれる、と考える傾向があるようです (Levis, 2015)。しかし、年齢の低い子どもであればともかく、一定の年齢になった英語学習者の場合は、聞いたままを繰り返すだけで発音を身につけるのは困難であり、理屈で理解することも必要になります。

　発音指導はネイティブ教員がするほうがよいと考えられているもう一つの理由は、「母語話者の発音＝本物・正しい・わかりやすい」と思われているためです。しかし、本当にそうなのでしょうか。英語は今や非母語話者が圧倒的に多い言語です（→ Q.1）。教員についても、非母語話者の割合が80％という数字もあります (Braine, 2010)。「本物の英語＝多くの話者が使っている英語」と考えた場合、母語話者の発音だけが「本物」とは言い切れません。また、一口に母語話者の発音といっても実は様々であり、すべてがわかりやすいわけではありません (Moussu & Llurda, 2008)。

　母語話者志向は生徒だけの思い込みではなく、教員側にも根強くあります。ある国際的な調査によると、非母語話者の教員自身が、教員は母語話者のように発音ができなければいけないと考えていることがわかりました (Jenkins, 2007)。つまり、生徒と教員、両方に意識改革が必要なのです。

　ノン・ネイティブ教員の発音指導における強みは主に２つあります。一つは、生徒にとって手が届きやすい発音であるため、より現実的なモデルとなれることです。ネイティブ・スピーカーと同じ発音を習得することは、果てしなく遠い目標に感じる生徒もいます。そのような生徒は「どうせ無理だから」と、発音練習に熱心に取り組まないこともあるでしょう。しかし、多少日本語の痕跡が残っていたとしても、わかりやすく通じる発音は十分可能です（→ Q.5）。それこそが生徒にとってよいモデルなのです（Murphy, 2014）。自信を持って堂々と英語を使ってコミュニケーションをしている姿こそ、生徒に示すべきお手本です。

　第二の強みは、ノン・ネイティブ教員は英語の発音を習得する苦労を経験しているということです。教員自身が、学習者として /l/ と /r/ の区別ができていないと注意を受けたことがあるかもしれません。あるいは、英語らしいリズムを身につけようと、一生懸命に音読練習をしたことがあるかもしれません。

　ノン・ネイティブ教員は、生徒と母語を共有しているときに、特に強みを発揮できます。教員が生徒の母語の音声を理解していれば、発音間違いが生じたときにその理由を推測でき、どんなふうに直せばよくなるのか説明することができます。生徒が発音に困っているときに、より具体的な指導ができ、生徒からの質問にも、より丁寧にわかりやすく答えられるはずです。

　ただし、教員と生徒が母語を共有しているときに、気をつけなければいけない点もあります。例えば、日本語の痕跡が残っていてよいとはいっても、英語の発音がどんどんいい加減に、カタカナ発音のようになることは避けるべきです。恥ずかしさから、わざとカタカナ発音を使う生徒もいるでしょう。いわゆるカタカナ発音も、日本語母語話者同士では十分「通じる英語」です。しかし、日本の教室では通じても、教室から一歩外に出て使ったときにはどうでしょうか。教員はカタカナ発音にストップをかけるために、忍耐強く注意を続けることが必要です。

自信を持って発音を教えるためにできること

　ネイティブ・スピーカーと同じ発音でなくてよいとはいえ、より自信を持って教えるためにできる準備はしておきたいものです。ぜひ取り組むとよい

3点を紹介します。

　まず教員がすべき準備は、自身の発音を自信が持てるレベルまで磨いておくことです。筆者らの研究では、自分の発音に自信を持っていればいるほど、音声指導に前向きに取り組むという結果がでています。また、単語の発音には自信を持っていても、文や文章など大きい単位になると発音に自信が持てない教員の割合が増えることもわかりました（Uchida & Sugimoto, 2019）。自信を持って生徒にモデルを示せるように、単語の発音だけではなく、長い文章や会話における練習も十分に積んでおきたいところです（→コラム①）。

　第二に、音声や音声指導に関する知識を深めることです。教員は言語の仕組みや規則を理解し、それを教える方法を学び、訓練を受けているという点で、そういう知識やスキルがない人より優れています。これは日本語で置き換えてみると理解しやすいでしょう。日本語母語話者だからといって、「ん」の音の出し方を日本語学習者に正確に教えられるでしょうか？　「橋・端・箸」などのアクセントの違いについて、上手に説明できるでしょうか？　そうとは限りません。「母語話者＝何でも知っていて上手く説明できる」わけではないのです。ネイティブ教員もノン・ネイティブ教員も、英語の音声や音声指導に関する知識を持っているべきです。

　最後に、多様なインプットを提供するためのリソースを活用できることも大切です（→ Q.21）。もちろん、教員自身の発音が、直接生徒のインプットとなれることも大事です。しかし生徒にとっては、いつも教員の発音だけを聞いていればよいのではなく、様々な英語を聞く機会を得ることも重要です。Web 上にあふれている様々なリソースを正しく選択し、その活用方法を知っておくことは、教員にとっては多くの点で有益です。

ポイント

・日本語の癖が少しあっても、わかりやすく通じる発音が生徒の手本
・より自信を持って教えるために、自分自身の発音を磨こう
・授業で多様なインプットを提供できるように準備をしておこう

発音に対する先生の自信——アンケート調査より

　皆さんは自分の発音に自信がありますか？　生徒の指導をすると同時に、自分の発音をもっと向上させたいという気持ちを持っていませんか？

　筆者らが2015年に東京都の公立中学校の教員100名に対して行ったアンケート調査の結果では、90%以上の先生方が「訓練を積めば自分自身の発音をもっと向上させる余地がある」と回答しました（Uchida & Sugimoto, 2019）。また、次のようないくつかの興味深い回答が得られました。

自信のあるところとないところ

　調査では、発音において自信のあるところ・ないところが明らかになりました。5段階で自信の度合いを答えてもらったところ、「単語レベルの発音について自信がある」という項目については、「とてもよくあてはまる・あてはまる」という回答が70%に達したものの、「文や文章レベル」の発音になると58%、「英語発音全般」になると50%まで下がりました。

　つまり、多くの教員は、単語のような小さなレベルの発音については自信を持っているのに、文や文章レベル、英語の発音全般、というふうに大きなレベルの発音になるにつれて、自信の度合いが下がっています。これはなぜでしょうか？

　あくまでも推測ではありますが、単語レベルの発音は、わからない単語があっても辞書で確認ができ、比較的解決がしやすいのかもしれません。ところが、文や文章レベルになると、単語が複数組み合わさって新しい句や文が作られ、適切なリズムやイントネーションも加味して発音せねばなりません。これは辞書では確認できないことです。

　実際はリズムやイントネーションにも一定の規則があるのですが、それが十分に理解できていない、その規則も単語の発音ほどはっきりとはしていない、さらに話し手の気分などにより思いがけないニュアンスを伝えてしまう可能性があるため、ひるんでしまうのかもしれません。

　発音を伸ばす第一歩は、「自分には何ができて、何ができていないか」を把握することです。そのためには、英語発音の全体像をつかんでおくことが必要です（→ Q.7）。

自身の発音への自信と発音指導に対する態度の関係

　この調査では、発音指導に対する考え方についても聞いてみました。すると、下のグラフが示す通り、大多数の教員は発音指導が重要であると考えているにもかかわらず、発音指導への取り組みには温度差が見られました。

　回答の相関関係を調べてわかったのは、以下の傾向です：

自身の発音に自信を持つ教員は…
- ▶ 積極的に音声指導を行うと答える傾向がある
- ▶ 発音指導の仕方がわからないと答え**ない**傾向がある

発音指導を積極的に行うと回答した教員は…
- ▶ 発音指導は効果的であると答える傾向がある
- ▶ 発音指導は重要であると答える傾向がある
- ▶ 発音指導の仕方がわからないと答え**ない**傾向がある

発音指導の仕方がわからないと回答した教員は…
- ▶ 発音指導をする時間がないと答える傾向がある
- ▶ 生徒は発音指導に興味を持ってくれないと答える傾向がある

　さらに因果関係にまで踏み込む分析を行ったところ、自身の発音に対する自信が、発音指導への前向きな態度につながることが明らかとなりました。
　したがって、授業に発音指導をもっと取り入れたいと思っている教員の方は、自身の発音を磨くことにも積極的に取り組むべきでしょう。

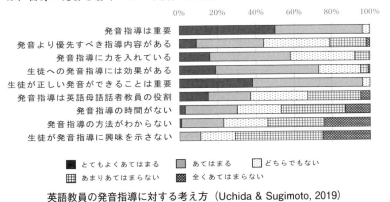

英語教員の発音指導に対する考え方（Uchida & Sugimoto, 2019）

Q4

どんな英語の発音をモデルとして教えたらよいのか？

世界では色々な種類の英語が話されていますが、どの英語発音をモデルとするべきでしょうか？

A 「発音」のモデルとしてはアメリカ発音を選ぶのが現実的です。一方で、「聞き取り」のモデルには様々な英語発音を取り入れましょう。

発音モデルの選択は難しい

英語の学習に当たっては、具体的な発音モデルを設定し、それを手本とした上で練習をしたいところです。なぜなら、真似するターゲットが具体的にあるほうが便利でわかりやすいからです。とはいっても、どの種類の英語を発音モデルにするのがベストか？という問いに答えるのは、実はなかなか難しいことです。

日本の英語学習者は「ネイティブ・スピーカーのような発音ができるようになるべきだ」と考える人が多いようです（Uchida & Sugimoto, 2019）。この背景には、母語話者の発音は「正しい」「優れている」「わかりやすい」というイメージが持たれやすいことがあります（Uchida & Sugimoto, 2020）。

しかし、母語話者の発音が「正しい」「優れている」という根拠は特にありません。「わかりやすい」かどうかも疑問です。なぜなら、ひと言で英語母語話者といってもアメリカ発音、イギリス発音、カナダ発音、オーストラリア発音、ニュージーランド発音など様々な違いがある上、そのそれぞれに地域差があるからです。さらに、社会階層や年代によっても多様性があるため、慣れていないとびっくりするくらいわかりにくい英語もあります。「母語話者の英語＝わかりやすい」とは限りません。

「ジャパニーズ・イングリッシュ」の問題点

このような状況から、母語話者の発音を手本とせずに、日本語の痕跡が残った「ジャパニーズ・イングリッシュ」でよい、と主張する人もいます。しかし、日本人英語学習者が発音する「ジャパニーズ・イングリッシュ」には、

個人により大きなバラツキがあるように感じられます。

　例えば、sea-she のような単語に現れる /s/ と /ʃ/ を常に区別して発音する人がいる一方、両方とも「シー」のような発音をする人、あるいは両方「スィー」のような発音になる人もいます（→ Q.35）。また、strike を、語頭の /str-/ に余計な母音を挿入することなく発音する人もいれば、[su.to.ra.i.ku] のように日本語のカタカナ読みと同様に発音する人もいます（→ Q.9）。つまり、日本人の発音する英語は、一律の構造を持った英語としては確立していないのです。

　さらに言うと、日本人の英語発音は「わかりにくい」ため、発音のモデルとしては不適切であるという問題点もあります。あるアンケート調査では、インド、ブラジル、中国、日本、スペインなど 10 カ国の人々が話す英語の発音をどのように感じるかについて、英語教育に携わる 12 カ国 326 名の教員に聞きました（Jenkins, 2007）。

　日本人の英語発音に対する印象は、正確さ・許容性・心地よさについてはいずれも最下位、親しみやすさについては 6 位という結果でした。また、記述コメントには、「とにかくわかりにくい」「日本語の癖がきつすぎる」「R の音が全くない」「強勢もリズムもない」「ピッチ（声の高さ）が変」「いつも驚いているように聞こえる」といった否定的なものがきわめて多かったことが報告されています。このような状況では、ジャパニーズ・イングリッシュを学習モデルとして提示することは難しいといえます。

それでもアメリカ発音を選ぶ理由

　以上の説明からもわかる通り、発音モデルとしてベストである！と積極的に推せる種類の英語は存在しません。それでもどうしても一つ選ぶとなると、日本で英語を教える場合、アメリカ発音を選ぶのが最も現実的で妥当な選択でしょう。アメリカ英語の教材は豊富で入手しやすい上、教科書や音楽、映画、ドラマ等で触れる機会も多いからです。

　戦後以降、日本の英語教育ではアメリカ発音が使われてきました。また、指導要領には「現代の標準的な発音」としか示されていないにもかかわらず、検定教科書の発音記号、練習問題、付属の音声教材には、圧倒的にアメリカ発音が使われています（Sugimoto & Uchida, 2018b）。

　英和辞書でも、まずはアメリカ発音が提示され、イギリス発音はそれとは

体系的・語彙的に異なる場合のみ、併記する形式を取っています（→ Q.19）。現役の教員の多くも、生徒として英語を学習していた頃、アメリカ英語を学習していたケースが圧倒的に多いはずです。

このように、生徒が学ぶ「発音モデル」としては、現在の日本の学習環境や生徒にとっての利便性を考えて、アメリカ発音を教えることが現実的な選択といえます。ただし、アメリカ英語が正しい発音であるとか、他より優れているからという理由では決してないことは強調しておきます。

ちなみに、日本以外の国々では、どの英語発音がモデルとして採用されているのでしょうか。イギリス発音とアメリカ発音のいずれかが採用されているケースが圧倒的に多いと言われています。イギリス発音の影響力は、地理的に近く政治・経済・文化で影響を与え合っているヨーロッパなどで大きいようです。一方、南米やアジア諸国ではアメリカの影響力が圧倒的に大きいため、アメリカ英語がモデルとなっている国が多く、日本もそういうアジアの国の一つということになります。

聞き取りのモデルには多様性を

注意したいのは、「発音」は一つのモデルに絞って教えるべきだとしても、「聞き取り」については多様性に注目する必要があることです。実際の英語使用場面で耳に入ってくるのは、多様性を持った発音だからです。フランス人の英語、インド人の英語、コロンビア人の英語…というように、母語の数だけその母語の影響を受けた英語を聞くことになります。

教科書の付属音声であるアメリカ発音にしか馴染んでいないと、実際に英語を使う際に発音の多様性に困惑することになりかねません。そのような理由から、聞き取りのモデルとしては、母語が異なる様々な地域・社会・年代の話者の英語に触れることが大切です。

今の時代、聞き取りのモデルには事欠きません。ALT の助けを借りることが可能でしょうし、海外の TV ドラマやニュース、Web 上の動画でも様々な英語発音を聞けます。さらに、様々な英語発音を集めたサイトを生徒と覗くのも楽しいでしょう（→ Q.21）。多種多様な発音があるという発見は、自分たち日本人が話す英語発音もそういう発音の一つであり、自信を持って発音すればよいのだ、という気持ちを生み出すことにもつながります。

発音モデルと発音のゴールは別物

最後に、もう一つ注意してもらいたいことがあります。「発音モデル」は、しばしば「発音の到達目標（ゴール）」と混同されることが多いのですが、そうではないということです。発音のモデルとゴールは別物です。

モデル（model）は一種の基準となる発音であるのに対して、ゴール（goal）は本来、各学習者がその必要や目的に応じて設定するものです。したがって、モデルはアメリカ発音であっても、ゴールは個々の学習者によって異なります。

例えば、Aさんにとってのゴールは「旅行で困らない程度の通じるために必要な最低限の発音」であるのに対して、Bさんにとっては「日本語の癖が多少残っても仕方ないが、そのせいで聞きづらいとは思われない程度の発音」、Cさんにとっては「アメリカで生活した時に現地の人と間違えられるような発音」というふうに、様々なゴールを設定することが可能となります。そのゴールは学習者個人個人のニーズに応じて変わってくるものであり、一律に「英語母語話者のような発音」を良しとしたり押しつけたりするべきではないことに注意しましょう（→ Q.5）。

ポイント

・発音のモデルには、教材が豊富なアメリカ発音を採用するのが現実的
・聞き取りのモデルとして、様々な発音に触れることが大切
・「発音のモデル≠発音の到達目標（ゴール）」ということに注意！

どんな英語の発音をゴールに設定すればよいのか？

最終的に生徒はどのような発音をゴールにすればよいのでしょうか？

A 英語母語話者のような発音を目指す必要はありません。日本語の癖が残っていても、わかりやすく通じる発音であればよいのです。指導に当たっては、発音の習得には個人差があることにも留意しましょう。

「ネイティブ・スピーカーのような発音は不要」という考え方が主流

英語を学習するからには、母語話者のような発音を目標とするべきである。そういうふうに考える日本の英語学習者が多いものの、それは一定の年齢になった学習者にとって容易ではありません。

英語音声教育においても、ひと昔前までは「母語話者のような発音を目指すべき」（Nativeness Principle）という考え方が一般的でしたが、現在では「わかりやすく通じる発音ができればよい」（Intelligibility Principle）という考え方が、主流になっています（Levis, 2005）。

外国語訛りがあると通じないわけではない！

「日本語の痕跡が残ったような発音をしていたら正しく聞き取ってもらえないのでは？」と疑問に思う読者もいるかもしれません。しかし、上の主張には根拠があるのです。それを示した研究を紹介します（Munro & Derwing, 1995）。

この研究では、中国語を母語とする人たち10名の英語発話を録音し、それらを英語母語話者18名に聞いてもらいました。聞き手は発話内容を書き取るとともに、その発音が母語話者の発音とどの程度異なるか（これを「外国語訛り」と呼ぶことにします）について、1〜9の9段階（1＝全く訛っていない、9＝非常に強く訛っている）で評価しました。

書き取りでは、100%正しく書き取られていた発話が複数ありました。これらの話者の英語は、母語話者に正しく聞き取られていたわけです。興味深いのは、ここからです。この人たちの英語はさぞ外国語訛りの少ない英語で

あろうと思いきや、外国語訛りの度合いに関する評価を見てみると、1〜9までまんべんなく分布していたのです。つまり、きわめて訛っていると評価されながら、正しく聞き取られていた発話もあったのです。

このことは、「外国語訛りがあると通じない」とは一概には言えないことを示しています。「訛っていること」と「通じないこと」は別物なのです。

生徒たちが目指すべき発音とは？

「訛っている ≠ 通じない」のであれば、目標を英語母語話者のような発音に設定するのはあまり意味がないということになります。母語話者のような発音を習得するのが至難の技であるならば、そこに執着しすぎるのは時間の無駄ともいえるでしょう。

むしろ、多少の日本語音声の痕跡が残っていても、聞き手が理解しやすい発音ができるように生徒を導くことが、教員の役割です。

聞き手が理解しやすい発音に到達するためには、母音・子音・強勢・リズム・イントネーションについて、本書で説明しているような日本語母語話者が注意すべきポイントを一通り押さえておくことが必要になります。

各生徒の個性も尊重したい

ハードルが下がったとはいえ、それでもまだ、生徒全員をその目標へ到達させるのが難しいのは事実です。各生徒を観察していると、発音の能力や学習への意欲は多種多様であるからです。

音感が非常によい生徒、「英語らしく」発音するのが恥ずかしい生徒、カタカナ英語で通す生徒、朗読をさせると一本調子で抑揚が足りないと感じる生徒、海外経験のおかげでリスニングが得意かつ発音も母語話者を彷彿とさせる生徒、…といった具合で、個性豊かなメンバーがクラスを構成しているのはごく普通のことでしょう。

同じ年齢層かつ日本語母語話者という共通項があるにもかかわらず、音声に関する全般的な力については、千差万別です。この個人差も尊重して、一律の目標を押しつけることのないようにしたいものです。

個人差の要因

ここからは、こういった個人差がなぜ生まれるのか、現在の研究である程

度わかっている要因をいくつか紹介していきます（Pennington & Rogerson-Revell, 2019）。

インプット／アウトプット（input/output）：外国語音声の習得には、インプット／アウトプットの量、すなわち経験値の影響が大きいとされます。海外での英語の使用経験、メディアなどを通して音声に触れた経験を多く有する生徒の発音や聞き取りの力が、そうでない生徒と比べて優れていることが多いのは、インプット／アウトプットの量に起因しているかもしれません。

動機付け（motivation）：英語を習得することに対する動機付けの有無も、発音への取り組み方に大きな影響を与えます。英語圏への移住や長期滞在を考える場合は、その社会に同化したいという動機付けが学習意欲をかき立てます。また、仕事や先端的な技術の習得という実用的な理由から英語を学習する生徒もいるでしょう。さらに、語学学習が元々好きであるとか、受験のために英語を頑張らなければならないといったことも、英語を学習する立派な動機付けとなります。

　いかなる動機付けも尊重されるべきですが、こと音声面に関していうと、語学が心から好きであるといった内的に湧き起こる動機付けを持つ生徒は、周囲からの要請といった外的な動機付けを持つ生徒と比べて、高いレベルの発音習得を目指す傾向があるようです。

性格（personality）：性格も、言語習得に大きく影響します。外交的な性格の学習者は、ストレスに強く外国語を学習する際にあまり不安にならないことから、話すことに集中し、状況に臨機応変に対応してことばを繰り出すことができ、流暢であるとみなされる傾向があります。

　曖昧な状況でも動じずに対応できる性格と言語学習の関係性についても、研究が行われています。動じない学習者は、自分の母語と学習言語の音声の違いを冷静に比較判断でき、いつもと状況が異なる場合も慌てることなく発話を理解できるでしょう。また、動じないということは発音面でもフレキシブルに対応できる力につながるため、有利であると言われています。

　一方で、教室内で外国語を学習することに対する不安、とりわけ発音についてネガティブな評価を受けることへの恐怖を感じる学習者もいます。この

ような理由で口が重くなってしまう生徒の存在を認識し、ケアしてあげることは大切です。

適性（aptitude）：こういってしまうと身も蓋もないと言われてしまうかもしれませんが、言語を習得する適性も個人差を生み出す大きな要因です。言語習得の才能のある学習者は記憶力が良く、音楽の才能を併せ持つことが多いとも言われます。発音習得という面では、外国語の音を真似するのが得意であったり、言語音の区別に敏感であったり、言語音を記号化したりする能力がもともと優れているようです。こういう資質を持つ生徒に対しては、その資質を尊重してあげることを心がけたいものです。

生徒全員に向けたゴール

　中高の英語教育の役割は、生徒の英語学習の土台をつくることです。発音の土台として必要な内容は、例えば、日本語を母語とする学習者が陥りがちな英語発音の問題点をきちんと押さえることです。また、日本語だけで生活が事足りてしまうことが多い生徒たちに対して、多様性のある英語の存在を様々な形で意識させたり、日本語と「違う」英語音声に怖じ気づかずに対処する方法について教えたりすることも必要でしょう。さらに、音声は英語学習の中で独立した項目ではなく、文法や語彙とも密接に結びついているのを理解させることも大切です。

ポイント

・外国語訛りがあると通じないわけではない
・生徒の目標は、日本語の痕跡が残っていてもわかりやすく通じる発音
・経験値・動機付け・性格・適性から生じる個人差も加味して指導

優先して教えるべき音はあるのか？

　英語には、/l/ や /r/ など日本語にはない音が多くありますが、授業ではすべてを取り上げる時間もないし、生徒たちは混乱してしまいかねません。「絶対に教えるべき音」と「後回しにしてもよい音」の分類はありますか？

A　教える優先度の高い音・低い音は存在します。まず優先度の高い音に絞って教え、時間や生徒の興味に応じて、それ以外の項目も教えていくとよいでしょう。

対照分析による英語・日本語の音声比較

　まず知っておくべきは、英語の音と日本語の音はかなり違うということです。英語には日本語と似た母音や子音もありますが、違う口の動かし方をしないといけないものや、日本語とは違って聞こえるものもたくさんあります。特に、母音の数は日本語と比べものにならないほど多いですし、母音・子音の組み合わせ方、リズムやイントネーションまで考え始めると、ずいぶんと音の体系や構造が異なることが見えてきます。

　このように、2言語の違いに注目する考え方を**対照分析**（contrastive analysis）と呼びます。学習者向けの音声学テキストの多くは、対照分析に基づいて記述されています（竹林・斎藤, 2008）。

　ただし、英語と日本語の差異を網羅的に記述すると、膨大な数にのぼります。すべての差異を気にかけて、「英語母語話者のように」発音し聞き取れるようになることはそう簡単ではありませんし、教員の立場からしてもすべてを丁寧に教えるだけの時間はありません。

　となると、対照分析で得られた結果をもとにして、その中から最低限、克服するべき違いに焦点を絞るのが得策ということになります。つまり、まずは「これだけは押さえておけば聞き取りに困らず、コミュニケーションで問題とならない発音」の習得を目標とするのです。その上で、必要に応じて習得する発音の項目を増やしていくのが現実的です。

理解してもらえないと問題となる音を優先する

　次のような発音をした場合、聞き手の理解度にはどれくらいの影響があるでしょうか？

　（1）Look! A plane is flying into a クラウド！
　（2）サンキュー for the present!

　あえてカタカナ表記にした（1）の「クラウド」は、発音の仕方によってcloud か crowd に聞かれる可能性のあるもの、すなわち /l/-/r/ が問題になるものです。cloud は「雲」ですが、crowd は「群衆」。飛行機がどちらに突っ込んでいるのかで、大きな意味の違いが生まれてしまいます。
　このように、英語の /l/-/r/ には、言い間違えると意味が変わってしまうような単語ペアがたくさんあります。lead-read, long-wrong, collect-correct, belly-berry, glass-grass, play-pray …など枚挙にいとまがありません。このように、英語の /l/-/r/ は「意味の区別をつける上で責任を担うことが多い」という意味で、「**機能負担量**（functional load）が高い」という言い方をすることがあります（Brown, 1991; Catford, 1987）。
　機能負担量が高い英語の母音や子音のペアには、他にも /ɪ/-/iː/, /oʊ/-/ɔː/, /s/-/ʃ/, /t/-/d/, /m/-/n/ などがあります。これらのペアは、言い間違えるとコミュニケーション上、問題になる確率が高いといえます。
　次に、（2）のように感謝の気持ちを伝えるケース。日本語には /θ/ に相当する音がないため、代わりに［s］の音を当てて発音することが多いですね。
　このように、thank を sank のような音で発音しても、多少不自然ではあるものの意味が通じない可能性は少ないでしょう。なぜなら、文法的に考えれば文頭の位置に過去形の sank がくることはないからです。聞き手は実際には sank と聞こえても、thank だろうと考え直してくれるわけです。
　/l/-/r/ 同様、/s/-/θ/ にも意味が変わってしまう単語ペアがたしかにすぐに思いつきます。think-sink, sigh-thigh, seem-theme, pass-path, force-fourth, …など。しかし、/s/-/θ/ は /l/-/r/ よりも機能負担量が低いと分析されています（Brown, 1991）。機能負担量が低い単語ペアは、品詞が違っていたり、語彙としての一般度がペアのいずれかに偏っていたりするため、音声的には混同しても文法的・文脈的に正しい判断ができると考えられます。

機能負担量が低いペアには、この他に /ʊ/-/uː/, /v/-/ð/ などがあります。

高		低	
/l/-/r/	/ɪ/-/iː/	/v/-/ð/	/ʊ/-/uː/
/f/-/h/	/æ/-/ʌ/-/ɑ/	/t/-/θ/	/ʊɚ/-/ɔɚ/
/s/-/ʃ/	/oʊ/-/ɔː/	/f/-/θ/	

図5　機能負担量

以上より、まずは、「機能負担量の高い音を優先して教える」べきということがいえます。

聞き手の反応によって優先度は変わりうる

しかし、コミュニケーションで問題が起きるかどうかは、単純に機能負担量だけで決められません。聞き手の捉え方という側面もあるからです。

Q.1でも見た通り、国際共通語としての英語を使う状況が増えている中、非母語話者同士のコミュニケーションにおいては、**通じやすさ**（intelligibility）に支障がないレベルの発音の習得で十分であろう、という考え方も提案されています（Jenkins, 2000）。

/θ/ の習得はそのよい例です。この音は世界の言語の中で現れる頻度が低い、どちらかというと珍しい音で（Maddieson, 2013a）、発音が難しいとされています。そのため、日本語母語話者がするように、[s] の音で発音されることもありますし、あるいは [t] に似たような音で発音する非英語母語話者も多くいます（Thank you! は「タンキュー！」のように聞こえます）。

/θ/ は、そのような発音をしても問題なく通じる音であり、非母語話者同士で英語を話す状況では、正確な /θ/ の発音ができなくてもおおらかに受け止めてもらえることが多いでしょう。

ところが問題なのは、/θ/ の音を発音できないと、母音話者から否定的な評価をされかねないということです。実際は、母語話者の中にも /θ/ を /f/ など別の音に置き換える人たちも少なからずいるのですが、そのような発音は「無教養である」などといった評価を受けることも多いのです。したがって、/θ/ は母語話者の前ではきちんとできたほうがよく、教育的には押さえておくべき音です。

要するに、話し相手や英語を使うコンテクストにより、教えるべき音の優先度は変わりうるわけです。

本書で取り上げる優先して教えるべき音

　優先するべき音声項目については、これ以外にも様々な意見があります。

　例えば、指導の効果が得やすいものを優先して教えるべきという考え方があります（Rogerson-Revell, 2011）。日本語母語話者にとっては難しいとされている /l/-/r/ を例にとると、実は発音は練習すれば授業時間内で習得可能である一方、聞き取りは非常に難しいという違いがあります（→ Q.32）。このような場合、/l/-/r/ の習得を完璧に目指すのではなく、発音の習得は優先的に教えるようにし、聞き取りについては授業内で一通りは扱うものの、習得は長い目でみていけばよいということになります。

　また、特定の音声項目を優先するのではなく、学習者が発音を間違えて通じにくくなることの多い「語」を優先的に習得させるべきと主張する研究者もいます（Szpyra-Kozłowska, 2015）。例えば、日本語母語話者であれば、カタカナ語の影響で間違って発音をしがちな単語の一群があります（例：studio, museum）。英語の初学者に教えるような場合には、一つひとつの母音や子音を細かく取り上げるよりは、語の発音を定着させるほうが適切かもしれません。

　以上のように、「どの音を優先するべきか」には様々な考え方があります。本書では、上で説明した「対照分析」「機能負担量」「国際共通語としての英語」などの考え方に、筆者らの経験則を加味した上で、「最低限押さえておくべき音声項目」を取り上げています（→実践編）。何から教えればよいか迷った人は、本書で取り上げている項目を参考にしてください。

ポイント

・まずはコミュニケーション上、影響が大きい音の指導を優先
・機能負担量が高い母音や子音の指導を優先させよう
・相手が英語母語話者か非母語話者かによっても優先度は変わる

英語発音はどんな要素で成り立っているのか？

　英語の「発音」は、どのような要素で成り立っているのでしょうか？　どんな要素を基本的な知識として知っておく必要がありますか？

A　英語の文には必ず「イントネーション」があり、その土台となるのが強弱の「リズム」です。そして、文を構成する個々の単語は「強勢」を持ち、「母音」と「子音」で構成されます。

英語音声の構成要素

　下図は、英語音声の構成要素を、We'll have a party tomorrow. という文を例に示しています。以下、それぞれの要素について見ていきましょう。

イントネーション	we'll	have	a	PARty	tomorrow
リズム	we'll	have	a	party	tomorrow
音節・強勢	we'll	háve	a	pár.ty	to.mór.row
母音・子音	/wɪl/	/hæv/	/ə/	/paɚ.ti/	/tə.mɑr.oʊ/

図6　英語音声の構成要素

文の発音

　文は**イントネーション**（intonation）というメロディを持っています（→ Q.8）。同じ文でも、イントネーションによって意味が変化します。例えば（a）は「明日パーティをする」という平叙文、（b）は「明日パーティがあるの？」という疑問文に聞こえます。　🎙 005

　（a）we'll have a PARty tomorrow
　（b）we'll have a PARty tomorrow

　文はまた、強弱の**リズム**（rhythm）を持ちます。文は単語を組み合わせて

つくりますが、文には強く発音される語と弱く発音される語があります（→ Q.24）。上の文では通常 have, party, tomorrow の 3 つの単語を強く発音し、we'll と a を弱く発音します。この強弱が、吹奏楽の打楽器のように、文の土台となるリズムを刻む役割を持っているのです。

まとめると、文は「イントネーション」というメロディと、強弱の「リズム」から成ります。

単語の発音

次に単語に目を向けてみましょう。単語は**強勢**（stress）を持ちます（→ Q.10）。party や tomorrow は、それぞれ par- と -mor- の部分を強く発音します。このとき、単語を**音節**（syllable）に分けることが役立ちます。party は 2 音節語で第 1 音節が強勢を持ち、tomorrow は 3 音節語で第 2 音節が強勢を持っています。

単語はまた、**母音**（vowel）（→ Q.12）と**子音**（consonant）（→ Q.13）によって構成されます。have, party, tomorrow を例に確認します。

have
/hǽv/
<u>CVC</u> （1音節）

party
/pɑ́ɚ.ti/
<u>CV.CV</u> （2音節）

tomorrow
/tə.mɑ́r.oʊ/
<u>CV.CVC.V</u> （3音節）

上の例で母音は V、子音は C で示しています。have は 3 つ、party は 4 つ、tomorrow は 6 つの音で成り立っています。これは英語の音の数え方ですので、もしかしたら日本語の数え方とは違うと感じるかもしれません。

英語発音を構成する主な要素は、この Q で紹介した「イントネーション」「リズム」「強勢」「音節」「母音」「子音」であり、これらは音声指導をする上で、ぜひ覚えておきたい概念です。Q.8 から Q.13 で順番に説明します。

ポイント

・強弱のリズムは文の土台、イントネーションは文のメロディ
・単語を構成する音は母音と子音
・単語には、強く発音される強勢を持つ音節がある

イントネーションとは？

　イントネーションとは、具体的には何を指すのでしょうか？　また、指導ではどんな点に注意が必要ですか？

　A　イントネーションとは発話全体のメロディのことです。指導をする上では、①イントネーション群の区切り方、②焦点の置き方、③イントネーションの種類、の３つをしっかり理解しておきましょう。

イントネーションとは何か？

　イントネーションとは、発話全体のメロディを指します。メロディは声の高さの変化によってつくり出されます。

　イントネーションは文の意味を変えることもあるので、重要な音声項目の一つです。イントネーションというと「文末で声が上がるか下がるか」に注目することが多いのですが、実際はもっと複雑です。

　このＱでは、イントネーションを説明する上で重要な３つのポイントを説明します。それは、①イントネーション群の区切り方、②焦点の置き方、そして③イントネーションの種類です。

イントネーション群の区切り方

　イントネーションでまず大切なのは、発話をどう区切るかです。次の２つの文は、母音と子音の並びだけを比べると、いずれも /aɪ dɪdnt noʊ/ で、全く同じです。しかし、区切り方によって２つの異なる意味を持ちます。🎤006

　(1)　| I didn't. | No︎ |
　(2)　| I didn't know︎ |

　(1) は例えば、Did you smoke? と聞かれたときの答えとしてありうる文です。I didn't と No の間で一度区切られています。区切りの位置は | で示しています。| によって区切られた語のまとまりを**イントネーション群**

(intonation group) と呼ぶことにします。イントネーション群は、上の例で曲線で示したように、それぞれメロディを持っています。(1) は 2 つのイントネーション群で成り立っています。イントネーション群が区切れる位置には、ポーズを置くことも可能です。

　一方 (2) は、例えば Why didn't you tell me about it? と言われて、「知らなかったのだ」と答えるような文です。文全体を 1 つのイントネーション群として発音します。

　つまり、(1) と (2) は意味だけでなく、区切り方も異なります。1 つのイントネーション群はそれ自体がメロディを持っているため、区切り方が変われば、全体のイントネーションも変わります。イントネーション群の区切り方について、詳しくは Q.23 を参照してください。

焦点の置き方

　次に大切なのは、焦点の置き方です。**焦点** (focus) は、イントネーション群の中で最も重要な語に置かれます。イントネーションのメロディ（声の上がり下がり）は、焦点から始まります。例えば、次のような簡単な挨拶の会話をイメージしてみてください。以下の例では、焦点を置く音節を大文字で示しています。　🎤 007

(3)　A： | How $\overline{\text{ARE}}$\you? |
　　　B： | $\overline{\text{FINE}}$, | How are $\overline{\text{YOU}}$? |

How are you? は「お元気ですか？」とたずねるときのおきまりの挨拶ですが、通常は A のように ARE を強調して発音します。それに対して、B が「元気ですよ。あなたは？」とたずね返す際は、今度は YOU に焦点が移動します。自分については答えたけれども、「あなたは？」と相手に焦点が移っているためです。このように、焦点の位置は、会話の文脈によって決まります。

　上の A や B のように、通常 How are you? はそれ自体が 1 つのイントネーション群で発音されます。A と B の違いは、焦点の位置です。各イントネーション群には「1 つだけ」焦点となる音節を持つ語が存在します。焦点の置き方については、Q.25 を参照してください。

　イントネーションの第三のポイントは、各イントネーション群内で、どのように声の高さが変化するかです。(4) と (5) は、両方ともイントネーション群は1つですし、大文字で示されている焦点となる音節も同じです。違いは、最後に声の高さが上がるか下がるかです。🎤008

(4) | exCUSE me | 　↘

(5) | exCUSE me | 　↗

　(4) のように、excuse me を下げて発音すると、「すみません」や「失礼ですが」のように、質問をしたり、注意をひいたりしたいときに使う表現となります。しかし (5) のように、声の高さを上げて発音すると、聞き取れなかった内容を「もう一度言ってください」という、聞き返しを求める意味になります。相手の発言が気に入らず、「何ですって？」と少々怒りをこめて言うときも (5) です。このように、イントネーションの種類によって、文やフレーズの意味が変わってしまうこともあります。

　本書ではイントネーションの種類を5つ紹介します。主なイントネーションの意味と例は以下の通りです (Wells, 2006)。🎤009

下降調 (終了、完結)	YES ↘	NO ↘	SORry ↘	aMAZing ↘
上昇調 (疑問、未完了)	YES ↗	NO ↗	SORry ↗	aMAZing ↗
下降上昇調 (未完了、条件付同意)	YES ∨	NO ∨	SORry ∨	aMAZing ∨
上昇下降調 (強調、驚き)	YES ∩	NO ∩	SORry ∩	aMAZing ∩
平坦調 (事務的、退屈)	YES →	NO →	SORry →	aMAZing →

　使用頻度は、下降調、上昇調、下降上昇調の順で高いと言われています。その他の2つはそれほど頻度が高くありません。

　それでは (6) と (7) の会話を聞いてみましょう。Aの質問に対するB

の返答を、2通りのイントネーションで発音しています。　🎤 010

(6) A：How was the movie? Did you like it?
　　B1：| YES | ⤵　　B2：| YES | ⌣

(7) A：Are you free tonight?
　　B1：| NO | ↘　　B2：| NO | ↗

　(6) で Yes（⤵）と下降上昇調でいった場合には、「良かったけど…」と何か続くような雰囲気が伝わります。もしかしたら、映画のどこかが気に入らなかった、あるいは、良かったけどお気に入りとまではいかない、という意味かもしれません。一方 Yes（⌣）と上昇下降調でいう場合には「映画をとても気に入った」という強調の意味が加わります。

　(7) では、下降調の No（↘）は、いわゆるニュートラルな答えです。ですが、少し淡々として、不愛想な印象を与えるかもしれません。一方、上昇調の No（↗）は、「あいていない」という結論は変わりませんが、「なぜ聞くの？」というようなニュアンスが加わります。A が、「暇なら一緒に食事をしよう」など、説明を付け足すことができそうな雰囲気があります。

　忘れてはいけないのは、英語ではどのイントネーションを使ったとしても「単語の意味」自体は変わらないということです。前ページの表に挙げた 5 種類の Yes はどれも「肯定」を、No はどれも「否定」を示します。変わるのは、文全体にプラスアルファで付け加えられるニュアンスです。イントネーションの種類の使い分けについては、Q.22 を参照してください。

◀│ポイント│

・発話をイントネーションの単位であるイントネーション群に区切ろう
・各イントネーション群には、焦点となる音節が必ず 1 つ
・英語のイントネーションで単語の意味は変わらない

音節とは？

　音節は何となく、単語を区切ってできる「音のまとまり」と理解しています。指導をする上で、音節の知識はどのように生かすことができるでしょうか？

A　音節は「母音を中心とした音のまとまり」のことで、強勢やリズム（→ Q.10）の基礎となる単位です。英語と日本語の音節構造は大きく異なるため、その違いを理解しておくことはとても大切です。

音節とは「母音を中心とした音のまとまり」

　発音を説明するときに、よく**音節**という言葉がでてきます。音節は何となくはわかっても、正確に説明するのはとても難しい概念です。

　音節は通常「母音を中心とした音のまとまり」と定義されます。したがって、単語の音節数は原則として母音の数を数えればわかります。desk /désk/ であれば、母音が１つなので１音節、computer /kəmpjú:tər/ であれば、母音が３つなので３音節といった具合です。

　ただし、音節の数と母音の数が一致しない単語もあるので注意が必要です。例えば apple は辞書で調べると /ǽpl/ とでてきます。母音は /æ/ だけだから１音節と言いたいところですが、この単語は２音節です。なぜなら、apple では /l/ が母音の代わりをするためです。people /pí:pl/ や little /lítl/ なども、２音節語です。

　このような例外はあるものの、英語では、基本的には単語の音節の数を数えたければ「音節の数＝母音の数」と考えておきましょう。辞書を使って音節の数を知る方法もあります（→ Q.19）。

英語は音節、日本語はモーラ

　英語と比較するために、日本語の音の捉え方も見ておきましょう。

　英語では音節という単位を使うのに対して、日本語では、音節以外に、**モーラ**（mora）がよく用いられます。俳句が「5-7-5」、短歌が「5-7-5-7-7」と

いうときの数え方は、音節ではなくモーラを使っています。

　モーラは多くの場合、音節と一致します。したがって、基本的には「モーラの数」と「母音の数」は同じです。「机」/tsu.ku.e/ は、母音が3つあるので3音節語であり、3モーラ語です。

　しかし、母音が無いにもかかわらず1つの独立したモーラと数えることができる音があります。「ん」や「っ」の音です。例えば「黒板」であれば、日本語母語話者は /ko.ku.ba.ɴ/ と4モーラであると捉えます。最後の「ん」は母音を含まないのに独立して数えることができるのです。

　また、日本語母語話者は「愛」/ai/ を /a/+/i/ のように2モーラと数えます。これは、英語で eye /áɪ/ を1音節と数えるのと異なります。もう一つ例を挙げると、日本語の「いい」は2モーラ語ですが、英語の E /íː/ は1音節語です。英語では、/aɪ/ は二重母音、/iː/ は長母音といい、英語母語話者はそれぞれ1音と数えるのです（→ Q.12）。同様に、日本語の「問い」や「数（すう）」は2モーラ語ですが、英語の toy /tɔ́ɪ/ や sue /súː/ は1音節語です。

　このように、英語と日本語では、音節やモーラの捉え方に少し違いがあることを知っておきましょう。

英語と日本語の音節構造の違い

　一つの音節が、どのような音で構成されるかを**音節構造**（syllable structure）といいます。ここでは、日本語についてもモーラではなく音節という単位で考えてみることにします。

　音節構造は、言語によって特徴が異なります。どの言語の音節にも母音（V）は必ずありますが、子音（C）の数や並び方が異なるのです。

　英語の場合は、母音の前に最大3つ、母音の後ろに最大4つの子音を持つことができます（下図参照）。strengths /stréŋkθs/ CCCVCCCC という単語が最大の音節として例にあがりますが、これは非常に珍しい例であり、もう少し短い音節が通常の形です。two /túː/ は CV、eat /íːt/ は VC、book /bók/ は CVC、desk /désk/ は CVCC、text /tékst/ は CVCCC、spring /spríŋ/ は CCCVC です。もちろん eye /áɪ/ のように V だけで成り立つ音節もあります。

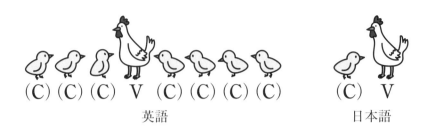

図7 英語と日本語の音節構造

　日本語の場合は、英語よりもずっとシンプルな音節構造を持っています。日本語は上の図のように、原則として母音の前に1つだけ子音を持ちます。また、母音の後ろには子音を持てません。「蚊」は CV（＝1音節）、「カニ」は CV.CV（＝2音節）、「あした」は V.CV.CV（＝3音節）というように、単語は通常 CV または V の連続で成り立っています。例外は「天」/teɴ/ や「缶」/kaɴ/ のように「ん」で終わる場合や、「切手」/kit.te/ の第1音節のように「っ」で終わる場合です。このようなケースは種類も少なく、頻度もそれほど高くありません。

　英語と日本語の音節構造の違いは、日本語話者の英語発音に大きく影響を与えます。例を挙げて詳しく見てみましょう。

　　Christmas　/krís.məs/　　➡　　クリスマス　/ku.ri.su.ma.su/
　　　○　　○　　CCVC.CVC　　　　　□□□□□　CV.CV.CV.CV.CV

　Christmas は英語では2音節の単語です。しかし、これが日本語の「クリスマス」になると、5音節になります。なぜなら、日本語には /kr/ のような子音の連続はなく、/s/ のような子音で単語を終えることができないためです。日本語の音節構造に合わせるためには、子音の後には必ず母音が必要です。/kurisumasu/ の下線部の母音は、英語の発音としては余計な母音なのですが、音節構造を日本語らしくするために加わった母音です。
　音節の中心は母音ですから「母音が増える＝音節が増える」ことになりま

す。日本語のカタカナ語としては問題ない発音ですが、英語を発音するとき
には、子音と子音の間や語末子音の後に、余計な母音を入れてしまわないよ
うに十分注意が必要です。余計な母音が加わり、音節が増え、単語が長くな
ることは、通じやすい発音から遠ざかってしまうためです。

音節の知識を指導にどう生かすか

　英語の音節構造の特徴を理解することは、効果的な音声指導に役立ちます。
例えば、生徒がカタカナ式の発音をしたときは「余計な母音を入れない」よ
うに指導できますし、「子音を上手につなげる」アドバイスをすることも可
能です（→ Q.27）。語末の子音（特に閉鎖音）の後に、余計な母音を入れない
ためには、/p, b/ なら両唇を閉じて終える、/t, d/ なら舌先を歯茎に触れて
終える、などの具体的なアドバイスをすると効果的です（→ Q.37）。

　また、音節数を数えることができると、強勢やリズムの指導に役立ちます
（→ Q.10）。例えば Christmas を●・、Merry Christmas! を●・●・と視覚
的に示すことがありますが、このとき一つひとつの丸印は音節と一致してい
ます。他にも、2音節語、3音節語だけを集めた強勢の発音練習問題などを
作ることもできます。

　音節は、生徒が詳しく知っておく必要はないものかもしれませんが、教員
としては絶対に押さえておきたい概念です。

ポイント

・音節の数を知りたければ、まずは母音の数を数えよう
・英語は子音連続が多く、語末に子音がくる言語
・英語を発音するときには、余計な母音を挿入しないように要注意

Q10

英語の強勢やリズムはどう説明すればよいでしょうか？　また、日本語と違うのはどういうところでしょうか？

A　日本語のアクセントが音の高低でつくられるのに対し、英語の強勢は「長さ・強さ・高さ・母音の質」でつくられるので、少し複雑です。また、日本語はモーラが連続するリズムを持つのに対して、英語は強弱の交替を好むリズムを持っています。

英語の強勢とは？

単語の中で、ある音節が他の音節よりも目立って聞こえるときに、その音節が**強勢**（stress）を持つという言い方をします。単語の強勢について話すときには、**語強勢**（word stress）と呼ぶことにします。語強勢は単語を正しく聞き取ってもらうために重要な役割を果たします。

英語と日本語の語強勢の違いは？

では語強勢はどのように発音するとよいのでしょうか。英語の場合は「長さ・強さ・高さ・母音の質」の4つが重要と言われています。強勢を持つ音節は、長く、強く、高く、そして母音は明瞭に発音します。一方、強勢をもたない音節は、短く、弱く、低く、そして母音は曖昧に発音します。名詞のóbject（物・目的）と動詞のobjéct（反対する）を比べてみましょう。　🎤 011

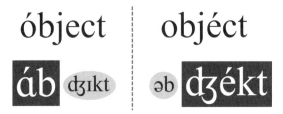

まず、最初の母音を比較してみてください。名詞として強勢を持つときは

/ǽ/ ですが、動詞となり強勢を失うと母音は /ə/ に変わっています。この /ə/ は弱母音と呼ばれる、とても弱く短い母音です（→ Q.12）。同様に、2番目の母音は、動詞として強勢を持つときは /é/ ですが、名詞になると /ɪ/ に変わります。英語はこのように、強勢を失うと、母音の性質も変わる傾向があります。

日本語では、強勢ではなく**アクセント**（accent）という用語を使うのが一般的です。日本語には、アクセントの位置により区別される単語のペアがたくさんあります。方言差はあるものの、「雨」と「飴」、「柿」と「牡蠣」、「庭」と「二羽」など幾つも浮かびます。これらを区別する際もっとも大切なのは、声の高さのコントロールです。東京方言の「雨」であれば「高低」、「飴」であれば「低高」というパターンを持っています。

英語と日本語の違いは、英語では声の高さは強勢の位置を示すに当たって、日本語ほどには重要でないという点です。例えば désert（砂漠）と dessért（デザート）を比較してみましょう。🎤 012

(1) a. désert ↘
　　b. désert ↗

(2) a. dessért ↘
　　b. dessért ↗

疑問文のように声の高さを上昇させて発音すると、désert も dessért も「低高」というパターンになります。それでも、聞き手には désert は第1音節が強勢を持つとしっかり伝わります。強勢を持つ音節は低くなりますが、長く、強く、そして明瞭な母音を持っているからです。

語強勢の位置を間違えるとどうなる？

語強勢は、意味の違いに結びつくため、位置を間違えると単語を正しく聞き取ってもらえないこともあります。特に、語強勢が、本来の位置から右側にずれる場合は、問題が起きやすい傾向があるようです（Field, 2005）。これは例えば、fóllow を *follów と発音してしまうような場合です。一方で、左側にずれる場合は（例：enjóy → *énjoy）、それほど影響はないようです。

語強勢は、教えるのが難しいとも言われています。同じ単語でも、強勢のパターンをいくつか持つ語もあり、少々やっかいです（例：advertísement または advértisement, cóntroversy または contróversy）。

　次に、語強勢を手がかりとして、英語の文のリズムを見ていきましょう。例えば communication（5音節語）では、一番強いのは第4音節です。しかし、第2音節も強く発音されます。このとき、第4音節が**第1強勢**（primary stress）、第2音節が**第2強勢**（secondary stress）を持つといいます。母音字の上に付いている強勢の記号も確認しておきましょう。 🎤 013

> （3）　commùnicátion　　　　　　　　ádvertìse
> 　　　/kə.mjùː.n.ɪ.kéɪ.ʃən/　　　　　/ǽd.və.tàɪz/
> 　　　● • ● • ●　　　　　　　　　　● • ●

　どうして1つの単語の中に、2つも強勢があるのでしょうか？　英語は強弱交替のリズムを好む言語です。そのため、強勢が隣りあったり、弱い音節が続きすぎたりすることを嫌います。第2強勢がないと、communication は最初に弱い音節が3つ連続することになります。これでは強弱のリズムがつくれないので、第2音節に第2強勢が置かれて、弱強弱強弱というリズムになるのです。advertise も、第3音節が第2強勢を持つことにより、強弱強というリズムが生まれます。このように、第2強勢は、長い単語に強弱のリズムをつくり出す役割があるのです。

　強弱のリズムを好むのは、文も同じです。長い単語に強弱のリズムがあるように、文にも強弱のリズムがあります。次に挙げる単語と文は、同じリズムで発音することができます。 🎤 014

> （4）　● • ●　　　　　　　　　　　• ● • • ● •
> 　　　a. àfternóon　　　　　　　　a. idèntificátion
> 　　　b. Sée you sóon.　　　　　　b. He wént for vacátion.

　文の強勢の位置は、品詞などを手がかりに知ることができます（→ Q.24）。

　以下ではもう少し長い文で、英語のリズムを見てみましょう。

　英語はスキップのようなリズムを持つと言われています。具体的には、強

勢がほぼ等間隔であらわれる**強勢拍リズム**（stress-timed rhythm）を持ちます。2つの文を聞いてみましょう。🎤 015

(5) Téll me the wáy to the stádium.
　　● ・ ・ ● ・ ・ ● ・・　　　強い音節 = 3

(6) Whát are you gonna dó néxt?
　　● ・ ・ ・・ ● ●　　　強い音節 = 3

　(5) は、強勢の後に弱い音節が2つずつ規則的に続きます。このように、強い音節と弱い音節が規則的に並ぶのが、英語のリズムの基本です。ただし、実際はそう都合よくいきません。

　(6) では、強勢の後に弱い音節が4つも続いたかと思うと、そのあとに強い音節が2つ続きます。実際の発話では、このように強い音節と弱い音節の並び方がそれほど規則的でないこともあります。

　それでも、英語では「強勢が等間隔になるように発音する傾向がある」と言われています。そのために、強勢の後に弱い音節がないのであれば、強い音節を少しゆったりと発音し、逆に強勢の後に弱い音節が複数続くのであれば、少し速く押し込むように発音します。(5) と (6) はそれぞれ3つ強勢を持っていますから、極端にいえば、両方とも3回手を叩きながら、同じリズムで発音できるわけです。

　一方、日本語は行進のようなリズムを持つと言われています。一つひとつのモーラが等間隔にあらわれる**モーラ拍リズム**（mora-timed rhythm）と呼ばれています。

(7) 天気　　　　　　□□□　　　　　　モーラ = 3
(8) いいお天気　　　□□□□□□　　　 モーラ = 6
(9) すばらしいお天気　□□□□□□□□□　モーラ = 9

　上の例は、それぞれ 3, 6, 9 モーラで成り立っているため、(8) は (7) の2倍、(9) は (7) の3倍の長さを持つことになります。日本語はこのように、モーラという単位が等間隔に現れるリズムを持っています。英語が強弱交替のリズムであるならば、日本語は同じ長さのモーラが連続する、行進の

ようなリズムです。

英語リズムに日本語リズムを持ち込むとどうなる？

　日本語のモーラ拍リズムに慣れている生徒にとって、英語の強勢拍リズムを身につけるのは難しいことです。具体的に、英語にモーラ拍リズムを持ち込むと、どのような問題が起こるか考えてみます。　🎙 016

　　　●・●　　　　　　　　●　●　●
(10) a. Two to two（2時2分前）　　b. Two Two Two（222）
(11) a. Room for four（4人部屋）　　b. Room four four（部屋番号44）

　上のフレーズには、（　）の中に示したような意味の違いが生じます。英語の強勢拍リズムでは、to や for は弱く発音します（→ Q.24）。したがって、Two to two と Room for four は強弱強のリズムを持ちます。

　しかし、例えば日本語母語話者が to や for を弱く発音できないとすると、「トゥートゥートゥー」や「ルームフォーフォー」と聞こえ、強強強となり、意味が変わってしまいます。これが、モーラ拍リズムを持ち込むと問題が生じてしまう例です。

　強弱のコントラストをしっかり出すことが、英語らしいリズムで発音するコツです。

◀️ **ポイント**

・英語の強勢は、長く、強く、高く、母音は明瞭に発音
・英語はスキップの強勢拍リズム、日本語は行進のモーラ拍リズム
・英語は長い単語でも文でも、強弱交替のリズムを好む傾向あり

Q11

両唇・歯茎・軟口蓋とは？

　発音の仕方の説明ではよく、両唇・歯茎・軟口蓋といった用語がでてきます。やや専門的な気がするのですが、知っておいたほうがよいですか？

A　英語の発音を説明するときによく登場する、両唇、歯茎（上前歯裏の付け根）、軟口蓋などは、「調音器官」の名称であり、知識として知っておくと便利です。授業ではこれらの用語に頼らず、目や舌で確認できるような説明をするとよいでしょう。

言語の音を出すために使う場所

　まず、言語の音をつくるために必要な場所を確認しておきましょう。特に重要な場所が、肺、声帯、そして調音器官の3つです。

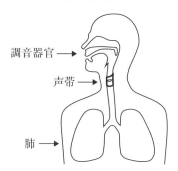

図8　肺・声帯・調音器官

　肺は音の産出に深く関わっています。言語の音を出すときには、呼気（吐き出す息）を使います。息を止めたまま、日本語や英語の音は出せません。呼気は言語音をつくる「エネルギー源」なのです。
　呼気は、のどを通り抜けて口や鼻から外にでます。のどには**喉頭**（こうとう）（larynx）と呼ばれる器官があります。「のどぼとけ」と呼ばれ、ゴクンと何かを飲み込むときに動く部分です。この喉頭の中に、2つのヒダから成る**声帯**（vocal cords）があります。声帯がふるえるときに「声」がでます。[aaaaa] や

45

［mmmmm］という音をだしながら、のどぼとけの辺りに手を軽くあてると、声帯の振動を感じることができます。声帯が振動する音を**有声音**（voiced）といいます。一方、［sssss］というときには振動を感じません。声帯の振動を伴わない音を**無声音**（voiceless）といいます。声帯は、英語や日本語を話すときの「音源」をつくる場所です。

　最後が**調音器官**（articulator）です。「調音」とは「音をつくること」を意味します。「音源」である声帯がつくった声を、形づくる場所です。具体的には、舌、唇、歯などを指します。詳しく見ていきましょう。

調音器官：舌・唇・口の中

　人間は口の形や舌の位置を変えながら、言語の音を出します。そのため、発音の説明をするときには、下のような「断面図」が登場します。教科書などで見たことがあるかもしれません。口の中の部位には、それぞれ名前がついているのですが、特に登場回数が多い3つの場所を紹介します。

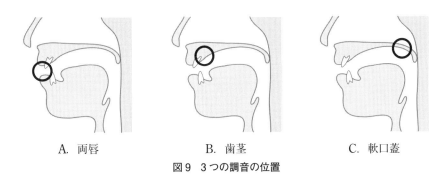

| A. 両唇 | B. 歯茎 | C. 軟口蓋 |

図9　3つの調音の位置

　まず唇ですが、上図Aのように上唇と下唇をあわせて**両唇**（りょうしん）（lips）と呼びます。/p, b, m/ のように、上唇と下唇を閉じることもあれば、/r, ʃ, w/ のように、唇を丸めることもあります。また、下唇と歯を組み合わせて /f, v/ を出すこともできます。

　上図Bは**歯茎**（しけい）（alveolar ridge）といいます。日常語では「はぐき」と読み、ニコッと笑ったときに歯と一緒に見える部分を指します。しかし、音声の話をするときには「上前歯裏の付け根」を指し、「しけい」と呼びます。/t, d, n, l/ であれば、舌先がこの部分にぴったりとくっつきます。

　上図Cで示している部分を**軟口蓋**(velum)といいます。/k, g, ŋ/のときに、舌の後ろの部分が盛り上がって、くっつく部分です。

　そして、英語では母語のことを mother tongue というように、言語の音をつくるのに不可欠なのが**舌**(tongue)です。

授業ではどう説明すればよいか

　上で紹介した「両唇・歯茎・軟口蓋」は、少々「堅い」専門用語です。教員が音のつくり方を正しく理解するために知っておくべき用語ですが、必ずしも生徒に説明するときに使う必要はありません。授業では、前ページの図のような視覚情報を示し、用語を使わない説明をすることもできます。

　まず唇ですが、唇の動きや形は、自分の目で、手鏡などを使って確認することができるため、比較的説明は簡単です。

　最も説明が難しいのが軟口蓋です。口の奥の方で何が起きているかは、外から見えず、実感しにくいためです。この場所が関わるのは、sing の /ŋ/ を説明するときですが、/ka-ga-ŋa/ と連続して出す練習をしてみましょう。/ŋ/ は息が鼻にぬける音であることに注意し、位置は日本語にある /k/ と /g/ と同じ場所であることを教えれば十分です。

　最後に歯茎(上前歯裏の付け根)ですが、実はこの辺りを使う英語の音は多くあります(例：/t, d, n, l, s, z/)。舌先で上前歯裏の付け根に触れると、少しゴツゴツしていることがわかります。

　歯茎は舌先との組み合わせで使うことが多いため、音声指導の際には、特に舌先の位置を意識させることが重要です。舌先が歯茎に触れるのか、あるいはどこにも触れないのかは、light の /l/ と right の /r/ の区別に必要です(→ Q.32)。舌先が前歯の裏に触れる感覚は、think や the の /θ, ð/ の音をつくるときに大切です(→ Q.34)。she の /ʃ/ では舌は上あごに触れませんが、change の /ʧ/ ではぴったりつく、などの違いもしっかり覚えておきましょう。

ポイント

・言語の音をつくるために大切な場所は、肺・声帯・調音器官
・声帯が振動する音が有声音、振動しない音が無声音
・両唇・歯茎・軟口蓋の3箇所は知識として知っておこう

Q12

母音とは？

　母音は「アイウエオ」のことでしょうか？　母音について正しく理解したいです。

A　まず、母音と子音の定義を押さえておきましょう。そして、母音を説明するための基準と、英語の母音の分類を覚えておきましょう。英語には、日本語の「アイウエオ」よりも多くの母音があります。

母音と子音の違いは何？

　母音の説明をする前に、まずは母音と子音の違いを確認しましょう。

　ためしに「ア」と言ってみてください。口の中はどのようになっているでしょうか。次に「サ」の出だしの［s］の音を発音してみます。今度は、口の中はどうなっていますか。

　「ア」のときは口の中を、比較的自由に空気が出ていくのに対して、［s］のときは舌先が上前歯の裏にかなり近づいており、口の中がだいぶ狭く感じるはずです。狭い隙間を空気が通り抜けていき、その結果「スー」というノイズがでます。この［s］のときのような状態を、呼気（吐き出す息）が「妨害を受けている」（＝邪魔されている）と表現します。母音と子音の定義は、この空気の妨害の有無で説明します。

> **母音**（vowel）：呼気が外にでていくときに妨害が起こらない音
> **子音**（consonant）：呼気が外にでていくときに何らかの妨害が起こる音

母音を説明するための3つの基準：舌と唇がポイント

　母音を説明するときには、一般的に次の3つの基準を使います。

> 1.　舌の高さ（舌をどの程度上げるか下げるか）
> 2.　舌の前後位置（舌のどの部分が高いか）
> 3.　唇の形（唇を丸めるか丸めないか）

例えば「ア」と「イ」の違いは、「ア」は口を大きく開け（＝舌が下がる）、「イ」は口の開け方が小さい（＝舌が上がる）という点です。これが第1の基準「舌の高さ」です。

次に、唇の形を変えずに「エ」と「オ」を交互に言ってみてください。舌が前後に動くはずです。「エ」は舌の前の部分を使い、「オ」は後ろの部分を使います。これが第2の基準「舌の前後位置」です。

母音をつくるときには、舌とともに唇も大きな役割を果たします。例えば「イ」を出しながら、唇を徐々に丸めていくと、「イ」からしだいに「ユ」のような音色に変わります。唇の形を変えると母音の音色は変わるのです。これが第3の基準「唇の形」です。

このように母音は、上に挙げた3つの基準を使って説明でき、下のような図を使って視覚的に位置関係を示すことができます。図の縦軸は「舌の高さ」、横軸は「舌の前後位置」と対応します。唇の形は○をつけて示しています。例えば日本語の母音の中では「オ」が唇を丸める母音です。

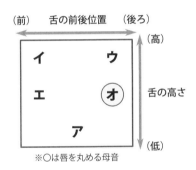

図10　日本語の母音図

英語の母音の分類

英語は日本語よりも多くの母音を持つ言語ですが、いくつかの種類に分類できます。アメリカ発音の母音をまとめたのが下の表です。

母音の数や分類の仕方には、様々な考え方があります。本書では表1のような分類法を用い、アメリカ発音の母音は24個と考えることにします。

表1　英語の母音（アメリカ発音）

強母音	短母音	/ɪ/, /e/, /æ/, /ɑ/, /ʌ/, /ʊ/
	長母音	/iː/, /ɑː/, /ɔː/, /uː/, /ɚː/
	二重母音	/eɪ/, /aɪ/, /ɔɪ/, /aʊ/, /oʊ/
		/ɪə/, /eə/, /ɑə/, /ɔə/, /ʊə/
弱母音		/i/, /ə/, /ɚ/

　ship と sheep の母音を比べると、前者が短めに、後者が長めに聞こえます。ship や full の /ɪ/ や /ʊ/ を**短母音**（short vowel）と呼び、sheep や fool の /iː/ や /uː/ を**長母音**（long vowel）と呼びます。

　次に、learn と line を比べてみましょう。learn の /ɚː/ は最初から最後まで音色に変化のない母音ですが、line の /aɪ/ は、最初の /a/ から次の /ɪ/ へと、途中で音色が変化する母音です。/aɪ/ のような母音を**二重母音**（diphthong）といいます。英語話者は二重母音を、1つの母音と捉えます。例えば、日本語話者は「愛」を /a/+/i/ と2つの母音と数えますが、英語話者は eye /áɪ/ を1つの母音と数えるという違いがあります。

　さらに、英語には強い母音と弱い母音の区別があります。強勢を持つことができる母音を**強母音**（strong vowel）、持たない母音を**弱母音**（weak vowel）と呼びます。例えば about /əbáʊt/ は2つの母音を持ちますが、1つ目の /ə/ は弱母音であり、2つ目の /aʊ/ は強母音です。

　上の表にまとめたように、アメリカ発音の母音は24個あります。日本語の母音は「アイウエオ」と5つですから、数は4倍以上あるわけです。ということは、日本語の母音1つに対して、似たような英語の母音は複数あることになります。

　世界の言語を見ると、日本語のように母音の数が5〜6という言語がたいへん多いことがわかります。英語のように母音が多い言語のほうが少ないのです（Maddieson, 2013b）。

◀┃ ポイント ▶

・母音を説明する3つの基準は、舌の高さ・舌の前後位置・唇の形
・英語の母音は日本語よりもずっと数が多い
・英語の母音は、短母音・長母音・二重母音・弱母音に分類

Q13

子音とは？

子音とはどんな音でしょうか？　また、英語の子音はどのように分類されるでしょうか？

A 母音との違いを理解した上で、子音を説明するための基準である VPM を知っておくことが大切です。VPM を使って、英語の子音がどう分類されるかも覚えておきましょう。英語には、日本語にない子音もあります。

母音と子音の違いは何？（再訪）

ここで Q.12 で紹介した、母音と子音の定義を復習しましょう。

> **母音**（vowel）：呼気が外にでていくときに妨害が起こらない音
> **子音**（consonant）：呼気が外にでていくときに何らかの妨害が起こる音

子音の定義のポイントとなるのは「妨害」という言葉です。妨害には色々な種類があります。「パ」の出だしの /p/ のように、両唇がぴったりとくっついて、息が完全に遮断される音もあります。「サ」の出だしの /s/ のように、狭い隙間を通って息がでていく音もあります。どちらも「妨害」と表現します。

子音を説明するための 3 つの基準：合言葉は VPM

子音を説明する際には、次の 3 つの基準を使います。英語の頭文字をとって VPM と覚えておきましょう。

> 1. **Voice** ＝声（有声か無声か）
> 2. **Place** ＝位置（どの位置で妨害をつくるか）
> 3. **Manner** ＝方法（どのような方法で妨害をつくるか）

V とは、Voice（声）、つまり声帯の振動があるかないかです。例えば /s/ と /z/ を比べたとき、/z/ といいながらのど元に軽く手をあてると、ブルブルという声帯の振動を感じます。このように、声帯の振動を伴う音を**有声音**

といいます。反対に、/s/のときには何も感じません。声帯の振動を伴わない音を**無声音**といいます。

Pとは、Place（位置）であり、どの場所を使って音をつくるかを指します。/p/と/t/を比較してみます。/p/は両唇を閉じますが、/t/は舌先を上前歯裏の付け根（歯茎）にぴったりつけます。/p/と/t/は両方とも無声音であり、どこかで閉鎖をつくるという共通点があります。両者の違いは、どの「位置」で閉鎖をつくるかという点です。

Mとは、Manner（方法）です。子音をつくる方法、つまりどのような種類の妨害をつくるかを指します。/t/と/s/を比較してください。両者はV（両方とも無声音）とP（両方とも歯茎でつくる音）は一緒です。異なるのはMです。なぜなら、/t/は舌先を歯茎にぴったりつけますが、/s/は舌先を歯茎に近づけて発音する音だからです。

英語の子音の分類

英語の子音を、VPMを使って分類してみます。子音の一覧を示す際によく使われるのが以下のような表です。

表2　英語の子音

	両唇	唇歯	歯	歯茎	硬口蓋 歯茎	硬口蓋	軟口蓋	声門
閉鎖音	p　b			t　d			k　g	
摩擦音		f　v	θ　ð	s　z	ʃ　ʒ			h
破擦音					tʃ　dʒ			
鼻音	m			n			ŋ	
側面音				l				
接近音	w			r		j		

この表には、VPMの3つの基準が隠れています。まずV（無声音か有声音か）を確認します。表の中のセルに2つ記号がある場合は、左側が無声音、右側が有声音です。セルに1つしか記号がない場合も、左（無声音）か右（有声音）のどちらかに寄っています。

無声子音と有声子音とを取り出して並べてみると表3のようになります。

表3　英語の無声子音と有声子音

無声子音	有声子音
/p/, /t/, /k/, /f/, /θ/, /s/, /ʃ/, /h/, /ʧ/	/b/, /d/, /g/, /v/, /ð/, /z/, /ʒ/, /ʤ/, /m/, /n/, /ŋ/, /l/, /r/, /j/, /w/

　無声子音と有声子音の区別は、接尾辞（-ed や -s）を正確に発音するときに役立つ知識であり、教員としてはぜひ知っておく必要があります（→ Q.42）。

　次に P（位置）は、表2では「横軸」と対応します。例えば、一番左の列の両唇には /p, b, m, w/ の4つの音があります。この4つはいずれも、両唇を使って発音される子音ということを意味します。位置に注目してみると、英語の場合は、歯茎を使う子音が多いことがわかります。

　縦に並んでいる子音は、同じ場所を使って発音をする子音ということになります。同じ場所を使う子音をグループとして覚えておくと、役に立つことがあります。例えば、上手に単語同士をつなげて発音するリンキングで活用できます（→ Q.27）。子音をつくる位置について、詳しくは Q.11 を参照してください。

　最後に、M（方法）は、表2では「縦軸」と対応します。M（方法）をもとに子音を分類してみると、英語では合計6種類の子音があることがわかります。以下でそれぞれ説明します。

　閉鎖音（stop/plosive）とは、口の中のどこかで完全な閉鎖が起こる音です。/p/ であれば両唇で、/g/ であれば口の奥の方（舌の後ろ部分と軟口蓋）で閉鎖が起こります。

　摩擦音（fricative）とは、狭い隙間を呼気が通りぬけるときに出るノイズのような音です。/f/ であれば、上の前歯と下唇が接触した隙間から息がぬけます。表からも明らかなように、英語には摩擦音が多くあります。

　3つ目を**破擦音**（affricate）といいます。これはちょうど閉鎖音と摩擦音の中間のような音です。chance の語頭の /ʧ/ と jam の語頭の /ʤ/ の2つです。舌先がしっかりと上あごに触れていることを感じるはずです。

　鼻音（nasal）とは、鼻から空気がぬける音です。ハミングの /m/ の音がその例です。両唇は閉じていますが、/m/ と音を出し続けることができます。鼻の下に軽く指をあててみると、微かに息がでていることが感じられます。

　最後が、**側面音**（lateral）と**接近音**（approximant）です。側面音とは、舌の

片側（あるいは両側）を息が通り抜けていく音で、英語では /l/ しかありません（/l/ は側面接近音と呼ばれることもあります）。

　一方、接近音とは、どこかとどこかが「近づく」ことによって作られる音です。例えば /r/ であれば、舌先が歯茎に近づきます。/r/ は舌全体を後ろにひきながら、ときには舌先を少し反らせて発音します。呼気は比較的邪魔されず自由に口からでていきますから、妨害が小さく、子音の中でも母音に近い音です。

　表2が示すように、英語には24個の子音があります。/f, v/ や /l, r/ など、英語には日本語にはない子音もあります。英語の子音を説明するときに、基準や分類を知っておくことはとても大切です。

 ポイント

・子音は口の中のどこかで妨害が起こる音
・子音を説明する3つの基準は、V（声）、P（位置）、M（方法）
・子音を VPM それぞれの基準で分類できるようにしよう

Q14

音素と異音とは？

「音素」や「異音」とは、なんでしょうか？　これらは、英語のテキスト
や辞書に母音や子音の一覧表として載っている音と同じものですか？

A　一覧表に載っている母音や子音は、英語として意味を区別する単位（音
素）です。しかし、実際に口に出す際には、英語らしく聞こえるように、様々
な音声（異音）で発音します。この2つの捉え方に注意しましょう。

音素は意味を区別する働きを持つ

　前のQで母音と子音の定義を行い、さらに英語の母音や子音についても
ざっと紹介しました。このQでは、実際に発音する際に英語らしい発音に
聞こえるために、さらに注意すべきことについて説明していきます。
　まず、次の英単語を見てみましょう。

right /ráɪt/　　　night /náɪt/　　　fight /fáɪt/　　　light /láɪt/

　いうまでもなく、4つの語は違う語と認識され、それぞれ「右」「夜」「戦
い」「光」という別の意味を持っています。
　この意味の違いを生み出したものは何かといえば、それは語頭の子音、す
なわち /r/, /n/, /f/, /l/ です。ある言語において、このような意味の違いを生
み出す音の単位を**音素**（phoneme）と呼びます。そして、これら4つの音は
英語の「子音音素」といいます。
　今度は日本語の音素についても考えてみましょう。

たいこ /ta.i.ko/　まいこ /ma.i.ko/　かいこ /ka.i.ko/　ざいこ /za.i.ko/

それぞれ /t/, /m/, /k/, /z/ という語頭の子音が違うために、別の意味を持つ
単語になっています。すなわち、この4つの日本語の子音音素が、4つの違
う意味をもたらしています。

知
識
編

音
声
学
の
基
礎
知
識

55

　重要なのは、この音の単位である音素は、言語によって異なるという点です。例えば、上述のように、right と light という語の /r/ と /l/ は、英語では意味の違いをもたらす子音音素であると認識されますが、同じ音を日本語母語話者が聞いても、その差異は意味の違いをもたらすような音としては認識されません。いずれも日本語のラ行の音（「ライト」）というふうに聞かれてしまうわけです。つまり、日本語には英語のような /r/ と /l/ という音素はないのです。

　学習者が英語の発音や聞き分けでつまずくのも、こうした音素の違いに戸惑うからという理由が多いでしょう。日本語と英語では音素の種類が異なるため、日本語母語話者は、日本語にない英語音素の発音や聞き取りに苦労します。

　それでは、学習者は英語の音素をすべて覚えてしまえばそれで十分なのでしょうか？　これを考えるには、「一つの音素と見なされる音は、いつも同じ音なのか？」という問いに答える必要があります。英語の例を一つ考えてみましょう。次の単語がどのように発音されるか、母音 /æ/ に注目しながら聞いてみてください。[🎤 017]

| lap /lǽp/, hat /hǽt/, back /bǽk/ | － | lab /lǽb/, had /hǽd/, bag /bǽg/ |

　左の3語と右の3語では、同じ母音であるはずの /æ/ に違いがあるように聞こえませんか？　そうです、右の /æ/ のほうが左の /æ/ よりも長さが長いのです。それを記号で表すと、次のようになります。

lap	/lǽp/	[lǽp]		lab	/lǽb/	[lǽˑb]
hat	/hǽt/	[hǽt]	－	had	/hǽd/	[hǽˑd]
back	/bǽk/	[bǽk]		bag	/bǽg/	[bǽˑg]

　6つの語はすべて同じ母音 /æ/ を持っています。しかし、左の3語の /æ/

は実際には短めに発音される（それを［æ］と表す）のに対し、右の3語の/æ/は実際には長めに発音される（それを［æ·］と表す）というわけです。

　どうして左と右とでは/æ/の実際の発音に違いが生まれるのか。それは、英語では/æ/に限らず、母音の後に続く子音の種類により、母音の長さが変わる傾向があるからです。具体的には、後に無声子音が続く場合、母音は短めになるのです（→ Q.38）。この実際に発音される［æ·］や［æ］のような音声を**異音**（allophone）といいます。そして、英語音素/æ/は、後に続く子音が有声か無声かにより、［æ·］と［æ］の2つの異音を持つのです。

　英語の母音や子音を理解するとは、上述の音素を理解すると同時に、どの音素の並びでどういう異音が現れるかも理解して発音できることも意味します。これが適切にできて、初めて英語らしい発音に聞こえます。

　実践編では、音素の違いだけでなく、必ず知っておくべき異音についても取り上げて解説しています（→ Q. 33, 37, 38）。

音素と異音：日本語の例を使って

　一つの音の単位（音素）が実は複数の音で発音される（異音）というのがピンとこない方のために、今度は日本語の「ん」を例に考えてみます。この音は、日本語母語話者は/ɴ/という一つの音と認識していますが、実は様々な音声、すなわち異音を持っているのです。次の「ん」をそれぞれ発音した瞬間に口の動きを止めると、音の違いがわかりやすいと思います。

（1）［m］（両唇で閉鎖）：かんぱい［ka.m.pa.i］
（2）［n］（歯茎で閉鎖）：かんだい［ka.n.da.i］
（3）［ŋ］（軟口蓋で閉鎖）：かんがい［ka.ŋ.ga.i］
（4）［ɴ］（軟口蓋より奥で閉鎖）：かん［ka.ɴ］

　それぞれの「ん」が現れるのは、（1）では［p］のような両唇でつくる子音の前、（2）では［d］のような歯茎でつくる子音の前、（3）では［g］のような軟口蓋でつくる子音の前、（4）では語末です。このように、「ん」の発音は、環境によって変化します。

音素と異音：「一人の人も環境によって服装を変える」関係

　ここまでの説明を聞いて、それでも音素と異音の関係がわかりにくいなと感じた方のために、今度はたとえを使って説明しましょう。ある女性がいます。この人は英語教員で、勤務中はスーツ姿です。勤務時間が終わるとスポーツジムに立ち寄ってひと汗流しますが、その際はスポーツウェア姿になります。帰宅すると、今度は部屋着に着替えて家事や授業の予習、趣味に励みます。週末にレストランに行く際には、ドレスアップしてディナーを楽しみます。

　このように、環境によって女性は違う服装になります。スーツ姿で家事はしませんし、運動着姿でレストランに現れたりはしません。現れる環境に応じてふさわしい姿に変わるのです。そしていうまでもなく、服装は環境によって異なるものの、その様々な服装をする主体は同一人物なのです。

　音素と異音の関係は、この女性と服装の関係のようなものといえます。日本語の /N/（「ん」）は、環境によって［m］［n］［ŋ］［N］と別の形で現れるけれど、母語話者には同じ「ん」の音であると認識されているわけです。

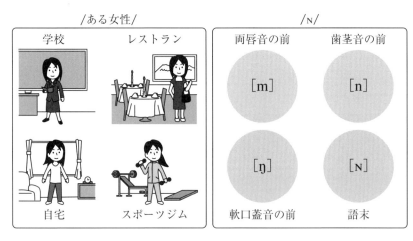

図11　音素と異音の関係

■ ポイント
・音素は言語で一つの音と認識され、意味を区別する音の単位
・異音は様々な位置で発音したときの実際の音声
・母音や子音について、音素と異音の両方のレベルを理解する必要あり

Q15

英語のつづり字と発音に規則性はあるのか？

英語のつづり字と発音の関係が不規則なのはなぜでしょうか？ また、よく使われているフォニックスについて知りたいです。

A 英語のつづり字と発音は、思っているよりは実はずっと規則的です。その規則性に着目した指導法であるフォニックスは、英語音声学習の一助となります。フォニックスの長所と短所を理解して活用しましょう。

なぜ英語のつづりは不規則なのか？

英語は文字と音が1対1の対応をしないとよく言われます。例として、つづり字〈a〉と母音 /eɪ/ の発音にそれぞれどのようなパターンがあるか見てみましょう。

 /æ/ cat, /eɪ/ cake, /ɔː/ water, /ɑː/ father, /e/ many, /ə/ about, etc.

 〈a〉same, 〈ai〉rain, 〈ay〉day, 〈ey〉they, 〈ea〉great, 〈eigh〉neighbor, 〈ae〉sundae, 〈au〉gauge, 〈ee〉matinee, etc.

英語のつづり字と発音が1対1の対応をしない原因は、主に3つあります。第一に、英語には文字よりも多くの音が存在します。たった26文字で、子音と母音を合わせて40以上の音を表す必要があります。そのため、文字を組み合わせて使ったり、同じ文字を何通りかで発音したりするのです。

第二に、英語は外来語がとても多い言語です。例えば〈ch〉は、chicken や child などゲルマン語起源の単語では /ʧ/ と発音しますが、machine や champagne などフランス語起源の単語では /ʃ/、chorus や orchestra などギリシャ語起源の単語では /k/ と発音します。外来語の流入により、同じつづりの発音のバリエーションが増えたのです。

第三に、歴史による変化があります。英語の発音は時代とともに変化したのですが、つづりは変わっていないため、文字と発音のギャップが大きくなってしまいました。例えば know の〈k〉や night の〈gh〉は、今は発音し

ませんが、昔は発音されていました。

　英語のつづり字と発音の関係が「学びづらい」「教えづらい」とよく言われるのは、以上のことから生じた不規則性が原因なのです。

それでも英語のつづりには規則性がある

　このように書くと、「英語のつづり字と発音には規則性などない」と思うかもしれませんが、あまり心配しないでください。一見すると支離滅裂に見える英語のつづり字と発音の関係ですが、実は思っているよりもずっと規則的です。

　英単語の少なくとも75％は規則的なつづり字と発音を持っていると言われています（Crystal, 2019）。例えば上の例では、/eɪ/ は 〈a〉でつづることが多く、great 〈ea〉などは例外なのです。〈a〉の発音は、/æ/ または /eɪ/ が多く、many の /e/ は例外です。

　したがって、英語のつづり字と発音は、その不規則性ばかり強調するのではなく、むしろ規則性に目を向けることが大切です。そして、このつづり字と発音の規則性を利用して、読み書きを教える方法が**フォニックス**（phonics）です。

フォニックスとは

　フォニックスはもともと、英語母語話者の子どもを対象に使われてきた指導法です。本を読み始めた学習者に対して、文字（や文字の組み合わせ）と発音の関係を教えることを目的としています（Heilman, 2006）。

　例えば、road という単語であれば、語頭の 〈r〉という文字は /r/、〈oa〉は /oʊ/、〈d〉は /d/ といった音を表している、という規則的な対応があることを教えます。すると、他にも coat, toast など 〈oa〉が含まれる単語に出会ったときに、〈oa〉を /oʊ/ と読めるようになります。

　このようなつづり字と発音の規則的な対応を示すことを通して、規則的な発音とそうではない発音を整理して理解することもできます。例えば、/oʊ/ と発音する soul や though は不規則なつづり字、また、〈oa〉とつづって /ɔ:/ と発音する broad や abroad は不規則な発音であることもわかるようになります。

フォニックスの利点

　もともとは英語母語話者のために使われていたフォニックスですが、日本の英語教育にも取り入れられるようになりました。日本語母語話者がフォニックスを学習することには、いくつかの利点があります（cf. 竹林 , 2019; 松香 , 2008）。

　(1) アルファベットに加えて発音記号を覚える必要がない：すでにアルファベットに慣れ親しんでいる、ヨーロッパの言語を母語とするような学習者と比較すると、もともとアルファベットを使わない日本語を母語とする生徒にとって、アルファベットの読み方・書き方を学習することは、それだけで非常に高いハードルとなります。

　これに加えて、発音のために発音記号まで覚えることとなれば、学習上、混乱を招くおそれがあります。発音記号を使わずに英語のつづりを覚えられるフォニックスは、生徒の学習負担の軽減という点で有益です。

　(2) ローマ字読みやカタカナ読みを防ぐ一助となる：多くの生徒は、アルファベットをローマ字として使ったり読んだりすることに慣れていて、それを英語の発音にも転用しがちです。例えば〈ou〉は「オウ」、〈ai〉は「アイ」と読んでしまいます。しかし、フォニックスを利用すると〈ou〉は /aʊ/、〈ai〉は /eɪ/ と読むことを学べます。

　また、英単語の読み方がわからないときに、カタカナでふりがなをふり、結果としてカタカナを介在してしか英語の発音ができない生徒もいます。英語のつづり字と発音の関係をそのまま教えるフォニックスは、日本語母語話者特有のローマ字読みやカタカナ読みを防ぐことにつながります。

　(3) 自分で読める単語が増える：単語の読み方を知らないと、辞書で調べたり、音声を聞いたりして発音を確認する必要があります。ですが、フォニックスのルールを知っていると「こうかな？」と予想をして読むことができるようになります。例えば、quail（ウズラ）は一般的な語ではありませんが、〈qu〉= /kw/、〈ai〉= /eɪ/、〈l〉= /l/ という対応を知っていれば簡単に読むことができます。

　このように「英語発音の勘」を高め（竹林. 2019）、自力で読める・発音できる単語が増えることは、英語学習の楽しさにつながります（松香. 2008）。

どのような指導法でもそうですが、フォニックスにも限界はあります。日本での英語教育において、音声指導にフォニックスを活用するという視点で考えたときの問題点を2つ挙げておきます。

(1) 規則の例外が特に基本語に多い：英語には、フォニックスの規則に当てはまらない例外がたくさんあります。問題なのは、不規則なつづり字を持っているのは、使われる頻度が高い約400語に集中しているという点です（Crystal, 2019）。そして残念なことに、初学者向けの基本語に多いのです。例えば、入門期に習う do, get, give, have はすべて不規則な単語です。初期の練習では、まず規則性にだけ注目すればよく、例外をあえて強調して、生徒を混乱させる必要はありません。しかし教員としては、基本語に例外が多いことを知識としてもっておくことが大切です。

(2) フォニックスは「発音」を教えるわけではない：英語母語話者の子どもの場合、発音自体は最初からできるため、フォニックスは「最初から発音を知っている単語に、どのようにつづり字が対応するか」を学習するためのものです。一方、英語を母語としない学習者は、フォニックスとは別に発音の仕方についても学ぶ必要があります。

すでに述べたように、フォニックスを使うと、ローマ字読みやカタカナ読みを避けることができるため、発音力向上にも一定の効果はあります。しかし「フォニックスを使う＝発音ができるようになる」ではないことは知っておきましょう。例えば 〈a〉= /æ/ で 〈u〉= /ʌ/ と違う音だと学んでも、2つの母音の性質を理解して、自動的に正しく発音できるわけではありません。

以上説明してきたように、フォニックスには長所と短所があります。短所を理解した上で指導に取り入れれば、高い教育効果が期待できます。

ポイント

・英語のつづり字と発音は、想像しているよりもずっと規則的
・フォニックスはつづり字と発音を結びつけて読み書きを指導する方法
・フォニックスを活用してローマ字読みやカタカナ読みを防ごう

第Ⅱ部
音声指導の実践編

音声指導はどのように授業にもりこめばよいのか？

　ここまで音声に関する知識について解説してきましたが、いくら知識を身につけても、それを指導に生かすのはなかなか難しいものです。ここでは、音声指導の大まかな方針について示していくこととします。

音声指導は毎授業に少しずつ

　「音声指導は難しい」。これは実は日本国内の英語教員だけでなく、英語母語話者の教員も感じていることです（Foote, Holtby & Derwing, 2011; Henderson et al., 2012）。理由としてまず挙げられるのは、母音・子音・音節・強勢といった概念はうまく説明しづらいということでしょう。

　こうした指導内容の難しさだけでなく、指導の環境にも問題があります。多くの教科書は、教員が発音指導力を十分持っていることを前提に書かれていて、指導の手引きには練習問題の解答しか載せていないことも多々あります。ところが実際には、発音指導の訓練を十分に受けた教員は少なく、指導法がわからないまま手探りで教えているという現状があります。さらに、評価の仕方がわからないから教えにくいという声も聞かれます。

　そうした様々な要因の中で、何よりも根本的な問題は「時間が足りない」ということでしょう。現代の学校教育では、これをいかに克服するかがほとんどの教員にとって大きな問題と思われます。

　しかし、授業時間が限られていても、音声指導は「時々やる特別な活動」ではなく、「毎回5〜10分は使う通常授業の一部」としたいものです。そのために、また効果的な英語学習のためにも、文法や語彙といった他の学習項目に組み込む形で音声指導を行うよう心がけましょう。

　以下では、時間の制約を克服して、効果的な音声指導を授業にもりこむヒントを紹介します。

音声指導の形態

　音声指導には様々な形態がありえますが、それぞれに利点と問題点があります。それを表にまとめると次のようになります。

表4　音声指導の形態とそれぞれの利点・問題点

教員による個人指導	
（＋）個人に十分な注意を払える	（−）膨大な時間がかかる
教員によるクラス全体の指導	
（＋）授業時間内に効率的に指導できる	（−）一人ひとりへの注意が薄まってしまう
ALT による指導	
（＋）通じたか通じなかったかの評価が可能である	（−）毎回の授業に参加できるとは限らない
教員の監督による生徒のペア／グループ活動	
（＋）一人当たりの声を出す機会が増える	（−）教員の注意が行き届かず統率を取りにくい

　このうち、時間と労力の観点から最も現実的なのは、「教員（＋ ALT）」対「生徒全員」、もしくは生徒のペアないしグループ活動でしょう。その指導形態で行える活動はどのようなものでしょうか。

活動の種類

　正しく発音をするためには、2つの要素、すなわち**形式**（form）と**内容**（content）が満たされねばなりません。発音練習は音声の「形式」に注目するだけではなく、音声を的確に使って「内容」を相手に正確に伝える訓練でもあります（Muller Levis & Levis, 2016）。

　例えば、/θ/ の習得を目指した3種類の活動を例にとってみましょう。

「形式」に重点を置いた練習

　序数（first, second, third, … hundredth）について学んだら、あわせて〈th〉の発音練習をします。〈th〉は /θ/ と /ð/ のいずれかで発音されることも指摘し、語をいくつか追加して練習します（例：birthday, Thursday; father, either）。〈th〉の音を日本語のサ行やザ行で発音する生徒には注意をします。

「内容」に重点を置いた練習

　何も書き込まれていないカレンダー形式のスケジュール表を渡します。そこに生徒自身の「今月の予定」を自由に英語で書き込ませます。生徒同士で

ペアをつくり、お互いの日程について話し合わせます（例：What is your plan on Sunday? – I am going shopping with a friend.）。〈th〉を含んだ語を使うようにといった指示はしませんが、「木曜日（Thursday）の予定は？」「母（mother）と買い物に行きます」のような〈th〉を含む語が出てきたときは、その発音に問題がある生徒に対して注意をします。

「形式」「内容」の両方に重点を置いた練習

　下の図のような日程があらかじめ書かれたスケジュール表を作り、ペアになった生徒に配ります。質問文も渡します。(1) When is your mother's birthday? (2) Will the New Year's party be held on Tuesday? (3) What time do you have an appointment with the dentist?　この質問に対して、例えば次の回答が可能です。(1) My mother's birthday is January 6th. (2) No, the party will be held on Thursday. (3) My appointment is at 3:30.

JANUARY

S	M	T	W	T	F	S
		1	2	3 New Year's Party	4	5
6 Mom's Birthday	7	8	9	10	11	12
13	14	15	16	17	18	19
20	21	22	23 3:30 Dentist Appointment	24	25	26

図 12　スケジュール表

　この方法では、スケジュールの内容（mother, birthday）や曜日・時間（Thursday, three-thirty）に〈th〉が組み込まれているため、その音声形式に注目できると同時に、生徒に内容を発信する機会も与えています。

　3つのタイプの発音練習には一長一短がありますが、訓練の順序としては、まずは「形式」に十分注目させ、そのあとに、「形式」と「内容」の両方を取り込んだ練習をさせるのが適切でしょう。

聞き取りの練習も重要

　発音というと、口を動かして英語の音を発音することに力を注ぎがちです。しかし、音声を介したコミュニケーションとは、相手の音声を聞き取り、その内容に応じて音声を産出するという、いわば「音声のキャッチボール」です。こうした側面を考えれば、聞き取り練習も非常に大切なものとなります。

　聞き取り練習は一つの音源に対して複数の生徒（クラスの生徒全員）の応答をとれるので、一人ひとりの発音をチェックする必要のある発音練習と比べると、指導に要する時間が少なくて済むのも魅力です。持ち時間に応じて2つの活動をバランスよく取り入れることを心がけましょう。

実践編の構成

　実践編では「何をどう指導すればよいか？」という視点で説明を加えていきます。扱われている項目は、すべて機会を捉えて授業の中で扱ってほしいものばかりです。

　Qの順序は少し工夫しています。イントネーションやリズム、強勢といった大きな単位について知りたいという要望が教員の間で大きいことを踏まえて、「談話レベルの発音」をまず取り上げ、そのあとに、より小さな単位である「単語レベルの発音」へと説明を進めています。といっても、全部について最初から順番に読む必要はなく、興味のあるQを選んで読んでも内容がわかる構成にしてあります。

　各Qの末尾にある「指導アイディア」では、主に「形式」に着目した活動と、「形式」「内容」の両方を取り込んだ活動を紹介しています。「内容」に焦点を当てた練習については、ターゲットとなる音声項目が出てこないケースも多く、発音練習という領域を超えてしまうので、本書では扱わないこととします。また、発音だけでなく、聞き取りも練習できるような活動を意識して取り上げています。

Q16

発音をカタカナで表現してよいのか？

英語の発音を教えるときはカタカナは使わないほうがよいのでしょうか？
もし使うとしたら、どのような点に気をつけたらよいでしょうか？

A カタカナは使わないにこしたことはないですが、つづり字と発音にギャップがある単語などに限定的に使うことは有効です。

カタカナの限界

カタカナは使ってよいのか、使ってはだめなのか、悩む先生は多いようです。一般的には、英語の発音を表記するときに、カタカナは使わないほうがよいと言われています。それは基本的には正しい考えです。カタカナを使わないですむのであれば、それにこしたことはありません。

英語の音声指導でカタカナを使わないほうがよい最大の理由は、カタカナでは英語の音を表しきれないためです。例えば、英語には /l/ と /r/ があります。日本語母語話者にとってはよく似て聞こえる音ですが、英語話者にとって /l/ と /r/ は全く違う音です（→ Q.32）。しかし、これをカタカナで表そうとすると、どちらにもラ行音を使うしかありません。その結果 /l/ と /r/ の区別は消えてしまいます。

これは /l/ と /r/ だけの問題ではなく、子音では他には /s/ と /θ/ や、母音では /æ/ と /ʌ/ などについても同じことがいえます。英語には日本語にはない母音や子音が多くあるため、カタカナでは表現しきれないのです。

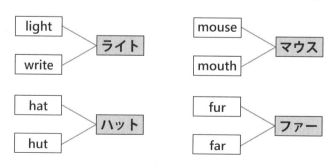

　カタカナを使わないほうがよいもう一つの理由は、カナ文字を使うと自動的に余計な母音が挿入されてしまうためです。カナ文字はア行を除くと、基本的には「子音＋母音」で成り立っています。例えば「カ」は /k/ + /a/ ですし、「テ」は /t/ + /e/ です。これは、日本語は子音の後に原則として必ず母音が続くという基本構造を持っているためです（→ Q.9）。

　反対に、英語は子音の連続を許す言語です。dress, left, trust の3つの単語と、そのカタカナ表記を比べてみましょう。C は子音、V は母音を示しています。

dress	/drés/	CCVC		ドレス	/doresu/	CV.CV.CV
left	/léft/	CVCC		レフト	/rehuto/	CV.CV.CV
trust	/trʌst/	CCVCC		トラスト	/torasuto/	CV.CV.CV.CV

　左側の英語では、語の始めや終わりに子音が連続していますが、右側のカタカナ表記では、子音連続はなく、代わりに余計な母音（網かけ）がたくさん付け加えられていることがわかります。結果として音節数が増えるため単語は長くなりますし、このままの発音では英語としては通じにくくなってしまいます（→ Q.9）。

　さらに、余計に付け加えた母音を強調して発音してしまう生徒もいます。But I think ... を「バットーアイーシンクー」などと母音を伸ばして発音してしまうのです。こうなるとますます「通じる発音」からは遠ざかります。

　以上の理由により、カタカナでの指導を行うことはできるだけ少なくするべきです。

カタカナの有効な使い方

　とはいえ、カタカナにも有効な使い道はあります。

　例えば、知らない単語の発音をちょっとメモしておきたいと感じるのは、言語を学習したことがある人なら誰でも経験することです。発音がわからずに黙ってしまうよりは、カタカナのメモをきっかけに発音してみることができるなら、そのほうがはるかによいでしょう。カタカナは、まず口にだして発音してみるための「きっかけ」や「橋渡し」として使うことができます。

　生徒は一般的に、まず発音の手がかりを文字によって得ますが、どうして

実践編

音声指導の基本

もローマ字読みの影響を受けます。found を「フォウンド」、dawn を「ダウン」と読み間違ってしまうケースを聞いたことがあるはずです。また英語には、つづり字通りに発音されない語もたくさんあります。例えば、conscious, choir, doubt は英語でどう発音するでしょうか。このように、ローマ字の影響を受けやすい語や、読み方の難しい語に dawn, conscious, choir, doubt とカタカナをふっておくことは、正しい発音をするためのヒントとなります。

　以上のように、カタカナは場合によっては発音指導に役立つこともあります。以下では、カタカナが効果的に使えるケースを 2 つ紹介します。

　1 つ目は、つづり字と発音のギャップが大きい場合です。上に挙げた例のように単語全体に使うこともできますが、その必要がない場合は、ピンポイントで部分的に使うのもよい方法です。例えば〈war〉というつづり字はローマ字読みで「ワー」と発音してしまいがちですが、英語の読み方は「ウォー」です（→ Q.18）。下に挙げる例のように、部分的なカタカナ表記であれば、単語全体がカタカナ発音になってしまうことが避けられ、かつ単語の読み方のヒントとなるため有効です。他にも machine のように、読み間違いが多い部分についても同じ使い方ができます。

warm ウォー
warp ウォー
wardrobe ウォー
generous ジェ
calendar キャ
machine シ

　2 つ目のケースが、英語の聞こえ方を説明するときです。

help　ヘゥプ　　　　　apple　アポー

「help →ヘルプ」「apple →アップル」など、定着したカタカナ語のイメージがある語の場合、実際の聞こえ方をカタカナで示すことは、英語らしい発音の気づきにつながります。

　この他にも「カタカナ語が定着している英語」には次のような例があります。いずれも、アメリカ英語の発音を聞こえたまま書いたものです。「ウォーター」「ニュース」「ウォッチ」というカタカナ語に慣れている生徒には刺激になるでしょう。

water　ワーラー　　　news　ヌーズ　　　watch　ワッチ

本書も一部でカナ表記を使っていますが、その理由は英語の聞こえ方をわかりやすく説明するのに効果的であるためです。

ただし、カタカナを使う上で一つ注意点があります。本や辞書の中には、非常にこったカナ表記を使用しているものがありますが、あまりおすすめできません。例えば、「/r/ をひらがなで書き、/l/ をカタカナで区別する」というルールを採用している本がありますが、そういう特別なルールをわざわざ覚えさせることは生徒にとって負担になります。複雑なルールを覚えることに時間を割くよりも、「つづり字と発音の規則性」（→ Q.17）を教えるほうが有意義です。以下、いくつか例をみていきます。

カタカナの代替案

カタカナを使う以外に、発音をメモする効果的な方法を紹介します。

まず覚えておくべきことは、英語のつづり字と発音の関係は、想像しているよりもずっと規則的だということです（→ Q.15）。そのため、つづり字をそのまま覚えたほうが効果的です。例えば、/l/ と /r/ に関しては、/l/ は常に〈l〉、/r/ は常に〈r〉の文字を使い、逆になることはありません。他にも〈th〉は、ほとんどの場合 /θ, ð/ の発音（think または the の音）です。つまりカタカナを使う必要がないのです。見た文字のまま発音すればよいという規則性を教えることが大切です。

この知識を少し応用することもできます。例えば〈ph〉は /f/ と読むことが多く、〈gh〉も /f/ と読まれることがあります。それらのつづり字には、発音のメモとして f とふっておけばよいのです。また、読まない文字は斜線で消すのがわかりやすいでしょう。

photograph　　　enough　　　chemistry　　　houses
　f　　　　f　　　　　　f　　　　　k　　　　　　　z
knife　　　　　climb　　　raspberry　　　psychology

このように、つづり字と発音との規則性がわかりやすい場合には、つづり

字を生かした指導をするのがポイントです。これはカタカナの使用を減らすことにもつながります。

　これまでの例は、主に子音に関するものであったことに気がついたでしょうか。実は母音の場合、発音をメモするのはとても難しいのです。母音の読み方にメモをつける一つの方法として、フォニックスの記号を使うという手があります。

　〈a, e, i, o, u〉の母音字には2通りの読み方があります（→ Q.17）。例えば〈e〉であれば、短母音ならĕ、長母音ならēと、直接文字に記号をつけることができます。実際の単語でいうと、comedian には comēdian とメモしておけば、-me- の部分は「メ」ではなく「ミー」と読むことがわかります。他にも stādium, sīgnature, stūdio, sōfa などの例が挙げられます。特に「コメディアン」や「スタジアム」のように、カタカナ語が定着している語で使うと効果的です。

ポイント

・カタカナには限界があるため、使わずにすむのであれば使わない
・カタカナは、つづり字と発音のギャップが大きい単語で使えば効果的
・カタカナのかわりに、つづり字やアルファベットを活用しよう

指導アイディア

1 カタカナ語を集め、英語ではどのように発音するか調べてみましょう。
英語の発音とカタカナ語の発音では何が違うでしょうか。 🎤 018

ギター	ゴリラ	ハンバーガー	ツイッター
カレンダー	パターン	グローブ	ボランティア
エネルギー	セーター	シャツ	テーマ

ねらい 強勢の違い、母音や子音の発音の違いを確認。英語由来ではな
い外来語も取り上げれば、日本語の中の外来語全般に話を向けることも可能。

2 次のカタカナ語の下線部を、英語でどう発音するか、どう書くか確認し
てみましょう。 🎤 019

マラ<u>ソ</u>ン	<u>サ</u>ンプル	<u>サ</u>ラブレッド	ア<u>ス</u>リート
エ<u>シ</u>カル	アドレ<u>ス</u>	レ<u>ザ</u>ー	バー<u>ス</u>デー

ねらい /s/ と /θ/ の区別にターゲットを絞った単語。カタカナ表記では
英語の音を表現しきれないことと、英語のつづり字と発音の規則性に気づか
せる。

Q17

フォニックスで知っておくべきルールとは？

フォニックスの本を読むと、ルールがたくさん載っていて、何から指導すればいいのか迷います。最低限知っておくとよい規則はありますか？

A フォニックスには細かい規則が数多くあり、すべてを網羅的に教えることは難しいです。大原則として、まずは子音と母音の規則的な発音をしっかり押さえておきましょう。

フォニックスをはじめる前に

Q.17, 18 は「フォニックス」がテーマです。この Q では「フォニックスの基本的なルール」を説明し、次の Q.18 では「フォニックスを授業に取り入れる方法」を紹介します。

フォニックスを教える際には、まず「文字」と「発音」をしっかり区別して考えましょう。英語のアルファベット 26 文字の内、〈a, e, i, o, u, y〉の 6 文字を母音字、〈b, c, d, f, g, h, j, k, l, m, n, p, q, r, s, t, v, w, x, y, z〉の 21 文字を子音字といいます（〈y〉は母音字にも子音字にもなります）。

英語では、文字数と音の数は必ずしも一致しません。例えば shine は、5 文字ですが、音の数は 3 つ（/ʃ + aɪ + n/）です。2 文字で 1 音を表すことや（〈sh〉= /ʃ/）、語末の 〈e〉のように発音されない文字があるためです。

フォニックスの教材は数多く出版されていますが、著者によって規則の数や説明の仕方は様々です。この Q では、簡単なものから難しいものの順に 5 つのステップに分けて、押さえておくべきフォニックスの基本的な規則を紹介します。

Step 1：文字と音の対応の原則を知っておこう

<u>1 文字と音の対応</u>：アルファベット 26 文字の、最も基本的な発音をまず知っておきましょう。これを生徒に教えるときは、アルファベットの文字の「名前」と「音」は異なることに気づかせるのが大事です。例えば、〈a〉は /eɪ/ という名前ですが、/æ/ という音を持ちます。 🎤 020

表5 アルファベットの文字と発音

〈a〉	apple /æ/	〈h〉	house /h/	〈o〉	octopus /ɑ/	〈v〉	vase /v/
〈b〉	boy /b/	〈i〉	ink /ɪ/	〈p〉	pie /p/	〈w〉	wind /w/
〈c〉	car /k/	〈j〉	joy /ʤ/	〈q〉	queen /kw/	〈x〉	box /ks/
〈d〉	dog /d/	〈k〉	kite /k/	〈r〉	rice /r/	〈y〉	yes /j/
〈e〉	egg /e/	〈l〉	love /l/	〈s〉	soap /s/	〈z〉	zoo /z/
〈f〉	fox /f/	〈m〉	moon /m/	〈t〉	toy /t/		
〈g〉	goose /g/	〈n〉	no /n/	〈u〉	umbrella /ʌ/		

　<u>2 文字と音の対応</u>：文字は組み合わせても使います。下の表の左側には規則的な音を持つ子音字の組み合わせを、右側には母音字の組み合わせを挙げました。基本語に多く登場するため、覚えておくと役に立ちます。

表6　2文字の規則的な発音

◆子音字2つ				◆母音字2つ	
〈ch〉	change /ʧ/	〈ph〉	phone /f/	〈au, aw〉	autumn, jaw /ɔː/
〈ck〉	snack /k/	〈sh〉	ship /ʃ/	〈ew〉	few /juː/
〈dg〉	bridge /ʤ/	〈th〉	thank /θ/	〈ou〉	mouth /aʊ/
〈ng〉	sing /ŋ/	〈wh〉	what /w/	〈oi, oy〉	oil, boy /ɔɪ/

Step 2：子音字〈c, g〉は後ろの文字によって「軟らかく」変身

　〈c〉は car の /k/、〈g〉は goose の /g/ という「硬い音」の他に、もう一つ「軟らかい音」を持っています。2つの内どちらの音を使うかは、〈c, g〉の後ろの音で決まります。

表7　硬い・軟らかい〈c, g〉

硬い〈c, g〉		軟らかい〈c, g〉	
〈a, o, u〉が続くとき 子音が続くとき、語末のとき		〈e, i, y〉が続くとき	
〈c〉= /k/	case, cost, cut, close, basic	〈c〉= /s/	cent, nice, city, cycle
〈g〉= /g/	gap, goal, gun, group, big	〈g〉= /ʤ/	gem, image, giant, energy

　母音字は 6 文字しかないのに、母音は 20 以上あるのですから大変です。そのため、子音と比較すると、母音のほうがつづり字と音の対応は複雑です。

　まず知っておきたいのは、母音の「短音」と「長音」という、2 つの読み方です。「長音」は、文字の名前と同じです。例えば〈a〉なら /eɪ/ が長音です。「短音」は、Step 1 で説明した大原則の発音ですが、ローマ字読みとは違う点に注意をしてください。〈u〉はつい /ʊ/ と読みたくなりますが、英語の規則的な読み方は /ʌ/ です。下の表で、〈˘〉は短音を、〈¯〉は長音を示しています。

表8　母音字の短音と長音

	短音			長音	
〈ă〉	f<u>a</u>t /æ/		〈ā〉	f<u>a</u>te /eɪ/	
〈ŏ〉	h<u>o</u>p /ɑ/		〈ō〉	h<u>o</u>pe /oʊ/	
〈ŭ〉	h<u>u</u>g /ʌ/		〈ū〉	h<u>u</u>ge /juː/	
〈ĕ〉	p<u>e</u>t /e/		〈ē〉	P<u>e</u>te /iː/	
〈ĭ, y̆〉	p<u>i</u>n, g<u>y</u>m /ɪ/		〈ī, ȳ〉	p<u>i</u>ne, t<u>y</u>pe /aɪ/	

　ここで、上の表の「長音」に注目してください。すべての語は〈e〉で終わっています。母音字は、「母音字 + 子音字」で単語が終わる場合は短音で発音し、「母音字 + 子音字 +〈e〉」で単語が終わる場合は「長音」で発音する、という規則があります。後者の場合、語末の〈e〉は発音しません。フォニックスのテキストでは「魔法の〈e〉」と呼ばれる規則です。

〈pĭn〉+〈e〉→　〈pīne〉　　　　〈căp〉+〈e〉→　〈cāpe〉

　母音字の後ろに〈r〉が続く場合も、そのあとに〈e〉があるかないかで、同じように「短音」と「長音」の 2 通りの読み方になると考えることができます。ただし〈r〉の前では、やや変則的である点に注意が必要です。短音読みでは〈ur, er, ir〉は同じ母音となります。〈or〉と〈ore〉も昔は区別さ

れていましたが、今では同じ発音になりました。

表9 後ろに〈r〉が続くときの母音字の短音と長音

	短音			長音	
〈ăr〉	c<u>ar</u>	/ɑɚ/	〈āre〉	c<u>are</u>	/eɚ/
〈ŏr〉	c<u>or</u>n	/ɔɚ/	〈ōre〉	st<u>ore</u>	/ɔɚ/
〈ŭr〉	t<u>ur</u>n	} /ɚ:/	〈ūre〉	p<u>ure</u>	/juɚ/
〈ĕr〉	t<u>er</u>m		〈ēre〉	h<u>ere</u>	/ɪɚ/
〈ĭr〉	th<u>ir</u>d		〈īre〉	f<u>ire</u>	/aɪɚ/

Step 4：2つ並んだ母音字は1つ目の母音字がリーダー

　母音字もよく組み合わせて使います。すでにStep 1で母音字2つの読み方を一部紹介しました。ここでは、母音字2つの読み方に関わる、もう一つの規則を紹介します。

　下のような母音字の組み合わせでは、1つ目の母音字が「リーダー」です。2つ目の母音字は無視して、1つ目の母音字を「長音」で発音します。

表10　2つ並んだ母音字の規則的な発音

〈āi, āy〉	= 〈ā〉 m<u>ai</u>n, f<u>ai</u>l; s<u>ay</u>, M<u>ay</u>	〈ēe, ēa〉	= 〈ē〉 fr<u>ee</u>, m<u>ee</u>t; s<u>ea</u>, w<u>ea</u>k
〈ōa〉	= 〈ō〉 b<u>oa</u>t, r<u>oa</u>d	〈īe〉	= 〈ī〉 p<u>ie</u>, d<u>ie</u>, l<u>ie</u>

Step 5：1対1の対応や規則ではうまく説明できないつづり字

　Step 1から4では、文字や文字の組み合わせと音の規則的な対応、そしてどの音で発音するかを決める規則を紹介してきました。まずは、多くの単語にあてはまる基本的なルールをしっかり覚えることが重要です。

　その次の段階は、各つづり字が持つバリエーション（例外）を知ることです。Step 5として、4つの例を紹介します。

　①〈th〉は /θ/ と /ð/ の2通りの発音：〈th〉は th<u>ank</u> のように原則として /θ/ と発音します。ですが、mother や weather のように /ð/ という発音もあります。/ð/ は、th<u>ey</u>, th<u>e</u>, th<u>at</u> など文法的な役割を持つ語の語頭でも使われます。

②〈oo〉は長い /uː/ と短い /ʊ/ の 2 通りの発音：〈oo〉には、長い /uː/ と短い /ʊ/ の 2 通りの発音があります。food, tool, goose では長いですが、book, good, foot では短くなります。wool, hood はカタカナ語では「ウール」「フード」と長く発音しますが、英語の発音は短く /wʊ́l/, /hʊ́d/ です。

③〈ow〉は /aʊ/ と /oʊ/ の 2 通りの発音：〈ow〉はなかなかやっかいなつづり字です。now, how, cow, allow では /aʊ/ ですが、know, snow, show, below では /oʊ/ です。「学習者泣かせ」のつづり字（竹林, 2019）というのも頷けます。

④〈ea〉は /iː/ と /e/ の 2 通りの発音：〈ea〉の規則的な発音は、Step 4 で紹介したように /iː/ ですが、head, bread, sweat のように /e/ で発音する単語もあります。なお、/eɪ/ と読む great や break は例外です。

生徒に教えるときには、フォニックスのルールやそれを使った例語を歌やチャンツにした素材を活用できると効果的です。こうした素材は Web 上で数多く公開されています。

フォニックスの教材・参考書としては、以下が代表的です。

- 竹林滋（2019）『新装版 英語のフォニックス』（研究社）
- 松香洋子（2008）『フォニックスってなんですか？』（mpi）

◀ ポイント

・文字と発音を区別するのがフォニックスの大前提
・子音字も母音字も、まず覚えるべきは文字と音の規則的な対応
・硬い・軟らかい〈c, g〉や、魔法の〈e〉など、規則を少しずつ増やそう

指導アイディア

1 次の語句を聞き、下線部のつづりを考えて書いてみましょう。🎤 021

a f____nt memory
a m____d of honor
brush your t____th
cl____m your baggage
st____l the show
fr____ze with terror
l____p with joy
r____st b____f
squ____ze a lemon

o____m____l
br____n cells
buttered t____st
fl____t on the water
first ____d
a l____f of bread
p____ched eggs
spr____ned ankle
turn the wh____l

ねらい フォニックスの規則のうち、〈ai〉〈oa〉〈ea〉といった、2つの母音字の規則的な発音をする単語のつづり字と発音を確認。

2 下線部はどのような発音をするか、フォニックスのルール（硬い・軟らかい〈c〉）を使って考えてみましょう。そのあと、予想は合っていたか、音声を聞いて確認しましょう。🎤 022

Cyprus, Greece, ace, ceiling, cell, cicada,
clock, council, currency, cybercrime, ceramic, octopus

ねらい 〈c〉には2通りの読み方があり、それは次の音によって決まることを確認。

Q18

フォニックスを授業にどう取り入れるのか？

　フォニックスは具体的にどのように授業に取り入れることができるでしょうか？

A　英語学習の初期の段階では、規則的なつづり字を持つグループの単語を練習するだけでもためになります。中学・高校とレベルが上がってきたら、規則を明示的に説明することも試してみましょう。

つづり字と発音の対応を徹底的に練習する！

　Q.17ではフォニックスの基本的なルールをいくつか紹介しましたが、このQでは、実際にフォニックスを授業に取り入れる方法を解説します。

　最も簡単で、短い時間で取り入れやすいのは、同じつづり字を持つ語をまとめて練習する方法です。このときのポイントは、同じつづり字でも、語内の位置ごとに分類して発音練習をすることです。例えば以下では、〈sh〉が（1a）語頭、（1b）語末、（1c）語中にあらわれる単語をまとめています。最初は（1a）や（1b）のように、1音節語で練習するのがわかりやすいでしょう。

　このように語内の位置をそろえて提示することで、つづり字と発音の関係に気づかせることができます。

(1a)	ship shirt sheep shock	(1b)	dish fish rush push	(1c)	fashion bushy flashlight sunshine

　母音の場合は、（2a）のように同じ母音を持つ語を集めることができます。（2b）のように母音と語末子音の両方をそろえることも効果的です。母音と語末子音の組み合わせは**脚韻**（rhyme）といいます。（2c）のように、多音節語を使うこともできます。

(2a)	
	m_a_t
	ba_g_
	ca_b_
	h_a_m

(2b)	
	g_ai_n
	p_ai_n
	r_ai_n
	br_ai_n

(2c)	
	cont_ai_n
	obt_ai_n
	rem_ai_n
	ret_ai_n

　ただ発音をするだけでなく、音や音節を組み合わせて単語をつくる練習をすることもできます。例を 3 つ挙げておきます。

h		hop
t		top
sh	+ op	shop
dr		drop
st		stop

k		kick
s		sick
th	+ ick	thick
br		brick
st		stick

vill		village
cabb		cabbage
bagg	+ age	baggage
im		image
mess		message

　練習前に、例えば（1）〈sh〉= /ʃ/、（2）〈ai〉=/eɪ/ のようなルールを明示的に教えることもできます。あえて説明せず、生徒がつづり字と発音の対応に自然と気づくことを待ってもかまいません。

　どちらにしても大切なのは、多くの単語を発音することです。たとえ知らない単語でも、読める・わかる語彙が増えるのは楽しいからです。練習に使える語群を集めた教材はたくさんあるので、ぜひ活用してください（竹林, 2019; Blevins, 2017）。

難しい単語にルールをあてはめて考えてみる

　フォニックスは、小学校や中学校の入門期に使われることが多いのですが、実は高校生や大学生にとっても役に立ちます。高校や大学で学ぶ単語には、フォニックスのルールを知っていれば発音できる語が多いためです。

　例えば、accelerate, accommodate, scent, scenario といった語の発音には、以下の〈cc, sc〉の読み方のルールを使えます。この〈cc, sc〉のルールは、Q.17 で扱った〈c, g〉の規則の応用版です。

表 11　硬い・軟らかい〈cc, sc〉

硬い〈cc, sc〉		軟らかい〈cc, sc〉	
〈a, o, u〉が続くとき 子音が続くとき、語末のとき		〈e, i, y〉が続くとき	
〈cc〉 = /k/	account, occur, Mecca	〈cc〉 = /ks/	accent, accident
〈sc〉 = /sk/	scar, scuba, scrum, disc	〈sc〉 = /s/	scene, scissors, scythe

発音間違いをきっかけに使う

　フォニックスに特化した時間をもうけなくても、生徒の発音間違いや質問をきっかけに、つづり字と発音の規則性に気がついてもらうことはできます。例えば生徒が war を「ワー」と発音したとき、どう説明したらよいでしょうか。実は、〈w〉の後では母音は下のように変化します。🎤023

表 12　〈w〉に続く母音の発音

		〈w〉の後
/ɑɚ/	〈ar〉 arm, park, card	〈war〉 war, warm
/ɔɚ/	〈or〉 horse, north, force	
/ɚ:/	〈ir, er, ur〉 bird, turn, term	〈wor〉 work, worm

　car や park のように〈ar〉でつづる単語は、Q.17 の Step 3 でも説明した通り、/ɑɚ/ が規則的な発音です。ところが、前に〈w〉がくるときは〈ar〉は /ɔɚ/ と発音が変わってしまいます。したがって、war は /wɔɚ/、warn は /wɔɚn/ になります。ついでに、horse のように〈or〉でつづる単語の規則的な発音は /ɔɚ/ ですが、work のように〈w〉が前にくると /ɚ:/ に変わります。

　このような規則を知っていると、生徒の発音間違いを訂正するときに、論理的な説明ができますし、授業の幅も広がります。

◀ ポイント

・同じつづり字を持つ語を使った発音練習をしよう
・長く難しい単語にこそフォニックスの規則はあてはまる
・発音間違いを訂正するときにフォニックスの知識を活用しよう

指導アイディア

1 次の2つの語群の中から、韻をふむ単語（母音と語末子音が同じ単語）のペアを探しましょう。

bed, code, float, form, fun, grade, heart, night, plane, rise, sheet, skate, skirt, third, trend

bite, bread, eight, eyes, friend, heat, hurt, paid, road, smart, son, train, warm, word, wrote

ねらい つづり字は違っていても、同じ音を持つ単語を選ぶ練習。

2 3つの単語が英語のしりとりでつながるように、真ん中の単語を考えてみましょう（例：shop は /p/ で終わり、know は ⟨k⟩ を発音せず /n/ で始まるため、pen や pine のような /p/ で始まり /n/ で終わる単語を書きます）。

（例）	shop	→	(*pen, pine*)	→	know
(1)	cab	→	( )	→	shirt
(2)	girl	→	( )	→	phone
(3)	nice	→	( )	→	day
(4)	pick	→	( )	→	cold
(5)	jam	→	( )	→	children
(6)	bath	→	( )	→	candy
(7)	laugh	→	( )	→	drink
(8)	bag	→	( )	→	toy
(9)	fish	→	( )	→	tiger
(10)	sun	→	( )	→	salt

ねらい つづり字と発音の区別をつける。あわせて、語末の子音、語頭の子音への意識を高める。

Q19

辞書は発音の指導に役立つのか？

辞書は単語の意味や文法を調べるためによく使いますが、発音の向上や発音指導のためにも役に立つのでしょうか？

A 辞書を発音指導に使わない手はありません。電子辞書やオンライン辞書であれば、音声機能付きで簡単に発音を確認できます。また、発音記号は、音声を体系的に知るための情報の宝庫です。

辞書を使って発音を知ることの利点

発音学習に辞書が役立つポイントは、「音声を実際に聞けること」「音声を体系的に知るための情報が載っていること」の2つです。

電子辞書やオンライン辞書の最大の恩恵の一つは、実際の発音を聞けることです。中には、例文を読み上げる機能を持つものもあり、自然な英語の発話をある程度練習する機会も持てます。

一つ注意点を挙げると、日本で発売されている電子辞書の音声は通常、アメリカ発音が収録されています。アメリカ発音とイギリス発音の違いを知りたい場合は、Longman や Oxford といったイギリスの出版社によるオンライン辞書を利用すれば、イギリス発音とアメリカ発音を聞き比べることが可能です（→付録）。

さらに辞書には、発音記号を中心とした音声の情報が載っています。こうした情報は、英語音声を体系的に理解するために重要です。以下で説明する発音表記の原則を生徒に教えれば、辞書を音声学習に役立つリソースとして活用してもらえるでしょう。

英和辞書の発音表記の基本

英和辞書は、限られたスペースを使って、日本語母語話者にとって大切な発音に関する情報をぎゅっと詰め込んでいます。ここでは、辞書の発音表記の基本について、『コンパスローズ英和辞典』を例に説明していきます。

*break /bréɪk/ (同音 brake[1, 2]) T1 動
(breaks /~s/; 過去 broke /bróʊk/;

*car /kάɚ | kάː/ (類音 card, carp, cart) 名 (~s
/~z/) C ➊ 車, **自動車** (バスやトラックは含ま

*di·rec·tion /dərékʃən, daɪ-/ T1 名 (~s
/~z/; 動 diréct, 形 diréctional)

*first /fɚ́ːst | fɚ́ːst/ (類音 fast, thirst) 形 ➊ [普通
は the ~] **1 番目の, 第 1 の**, 1 位の, 最初(の

*her /(弱) (h)ɚ | (h)ə; (強) hɚ́ː | hɚ́ː/ (同音 # are[1, 2],
or, (英) # a[2], (英) # of; 類音 /hɚ/ で for;

*in·de·pen·dent /ìndɪpéndənt← / 形 (名
indepéndence) ➊

*les·son /lés(ə)n/ (同音 lessen; 類音 listen) 名
(~s /~z/) C ➊ [普通は複数形で] (続

*let·ter /léṭɚ | -tə/ (類音 ladder, latter, litter) 名
(~s /~z/; 形 líteral) ➊ C **手紙**, 封書,

*mas·ter /mǽstɚ | mάːstə/ 名 (~s /~z/; 形
másterful, másterly) ➊ C **自由**に

*news /n(j)úːz | njúːz/ 名 (形 néwsy) U ➊ **ニュー
ス, 報道**, 記事; 情報, 知らせ; 便り, 消息:

図 13 辞書の発音表記例 (『コンパスローズ英和辞典』より)

音節の数：一般的な英和辞書では、見出し語で音節の数を知ることができま
す。通常、つづり字の切れ目 (行をまたいで単語を書く際に切ってもよい場所) が
黒丸で示されていますが、これが大まかには音節の切れ目に対応しています。
例えば、break や her は 1 音節語、lesson や master は 2 音節語、independent
は 4 音節語ということになります。

語の発音：見出し語の後に語の発音が表示されます。break /bréɪk/, lesson
/lés(ə)n/ のように、スラッシュ (/) の間に**国際音声記号** (International
Phonetic Alphabet; IPA) をベースにした発音記号で記されています。

2 種類以上の発音：2 つ以上の発音がある場合には、併記されます。例えば
direction /dərékʃən, daɪ-/ は、1 音節目が /də-/ でも /daɪ-/ でもよいことを
示します。

同音や類音：注意を促すために、同音や類音を持つ語をあわせて示しています。break の 同音 brake、lesson の 同音 lessen; 類音 listen がその例です。

米音・英音：アメリカ英語とイギリス英語で発音が異なる場合は、スラッシュで囲まれた発音表記のうち、縦線の左側がアメリカ発音（米音）、右側がイギリス発音（英音）を表します（/ 米音 | 英音 /）。例えば、master では米音が /mǽstɚ/、英音が /mɑ́ːstə/ です。2 つの発音表記を比べると /æ/ と /ɑː/、/ɚ/ と /ə/ の違いがあることがわかります。

　米音・英音の比較をまめに行っていると、例えば master 以外の語でも、米音 = /æ/、英音 = /ɑː/ という対応のある単語があることに気づくかもしれません（例：ask, bath, class）。米音では /æ/ で発音される語の一部（すべてではない）は、英音では /ɑː/ で発音されることがあるのです（→ Q.2）。このような観察が、英語音声を体系的に理解する第一歩になります。

中上級者向けの発音表記

　上に挙げたのが基本的な発音表記ですが、辞書には、英語の音声に関する事実がさらに細かく説明されています。その中には、本書で解説している音声事象を示す項目も多くあります。ここでは、いくつかを紹介します。

/t/ のたたき音化：letter の発音記号を見ると、米音の /t/ には下に小さな黒丸が付いていますね。これはインクの染みなどではなく、アメリカ発音に特有の /t/ のたたき音化（→ Q.2）を示す記号です。

弱形と強形：her には、（弱）と（強）のマークがついた発音が載っています。これは機能語の表記に見られるもので、発話中で弱く発音される弱形と強く発音される強形（→ Q.24）を示しています。

強勢移動：independent の発音記号の右肩に矢印（←）がついていますね。これは、この語が強勢移動（→コラム③）を起こす可能性があることを示しています。

脱落する可能性のある音：音が脱落する可能性がある場合、その音をカッコに入れて示しています。例えば、lesson /lés(ə)n/ は /lésən/ と /lésn/ のいずれかで発音されることを、news /n(j)úːz | njúːz/ は、米音のみ /njúːz/ と

/nú:z/ のいずれかで発音されることを示します。

　脱落する可能性のある音をイタリックで示すことがあります。その場合、lesson /lésən/、news /njú:z/ のようになります。

句と複合語の強勢：
① 複数の語で構成される句やイディオムについても、標準的な強勢が示されています（例：from the (bóttom of one's) héart; Só fàr, sò góod.）。
② 単語が2つ以上集まって新しい意味を持つ語のことを複合語と呼びます。第1要素が第2要素よりも強く発音されるもの（例：compúter gàme; órange jùice）と、第2要素が第1要素よりも強く発音されるもの（例：compúter gráphics; sócial secúrity）の2種類があります（→コラム④）。
③ 動詞＋前置詞（例：lóok for …）、動詞＋副詞（例：lóok úp）、動詞＋副詞＋前置詞（例：lóok fórward to …）といったまとまりを持つ句動詞についても、強勢の置き方が示されています。句動詞がとる目的語の強勢も含めて、文レベルの発音を知るための大きな手がかりになります。

各辞書の特徴を理解して指導をしよう

　以上のように、英和辞書には発音に関する情報がぎゅっと圧縮されて載っています。あくまで生徒の英語発音に対する意識や興味に応じてではありますが、発音指導に英和辞書を活用しない手はありません。

　なお、発音表記の仕方は辞書によって異なりますので、各辞書の発音記号表や発音に関する説明をよく読み、正しく理解してから指導に当たりましょう。

ポイント

・発音学習の第一歩として、電子辞書・オンライン辞書を活用
・辞書の発音情報は、英語音声の体系的理解をする手がかりに
・各辞書の特徴を理解した上で、生徒の興味やレベルに応じた指導を

1 tomato という単語を英和辞書で引いてみましょう。発音表記はどのようになっているでしょうか。また、電子辞書やオンライン辞書を使って、どのような発音なのかを聞いて確かめてみましょう。同様に castle, laboratory, missile, often についても調べてみましょう。

ねらい アメリカ発音・イギリス発音で異なる単語を調べることで、音声の違いとともに、それが記号にどのように反映されているか気づかせる。

2 下線の引かれたイディオムの強勢パターンを辞書で調べましょう。その上で、文全体を発音してみましょう。 🎤 024

(1) I hear from them <u>every now and then</u>.
(2) The children <u>made a mess of</u> the kitchen.
(3) She remained active <u>behind the scenes</u> for years.
(4) <u>Last but not least</u>, I would like to thank my family for their support.
(5) <u>As far as I'm concerned</u>, I don't mind what you think about me.

ねらい イディオムの強勢パターンに注目しながら、文を発音する。

/ɚː/ と /əːr/ の違いは何？

first や car という単語を複数の辞書で引き比べると、辞書により記号が異なることに気がつくでしょう。大きく分けて、2つの表記法があります。

表記法1：first /fɚːst｜fəːst/；car /kɑ́ɚ｜kɑ́ː/

表記法2：first /fɚ́ːrst/；car /kɑ́ːr/

2つの表記法は違う音を表しているわけではなく、同じ音を別のシステムで記しているに過ぎません。

表記法1では、R音性のあるアメリカ発音（→ Q.2）を /ɚ/ という記号で表しています（/ɚ/ という記号は、/ə/ の右上に小さな r をくっつけたイメージの記号です）。first では、最初から終わりまで /r/ と同じ音色を持つ /ɚː/ であるのに対して、car では最初に口を大きく開けて /ɑ/ の母音を出してから、軽く /ɚ/（r の音色）を添えるということが記号で表現されています。一方、R音性のないイギリス発音では、最初から終わりまで r の音色を持たず、first は口をあまり開かない母音（/əː/）、car は口を大きく開いた母音（/ɑː/）であることが表現されています。

それに対して、表記法2では、r（イタリックの r）を使うことにより、アメリカ発音とイギリス発音を表現し分けています。イタリックで表される音は省略されることがあるというルールのもと、first は R音性のあるアメリカ発音では /fɚ́ːrst/、R音性のないイギリス発音では /fəːst/ になることを表します。同様に、car は、アメリカ発音では /kɑ́ːr/、イギリス発音では /kɑ́ː/ になることを表しているわけです。

他にも同様の対応が見られるので、まとめておきます。

例語	ear	hair	arm	store	tour	bird	teacher
表記法1	/íə｜íə/	/éɚ｜éə/	/ɑ́ɚ｜ɑ́ː/	/ɔ́ɚ｜ɔ́ː/	/úɚ｜úə/	/ɚ́ː｜ɚ́ː/	/ɚ｜ə/
表記法2	/íər/	/éər/	/ɑ́ːr/	/ɔ́ːr/	/úər/	/ɚ́ːr/	/ər/

表記法1は母音の音色の忠実な表記、表記法2では辞書スペースの節約、が長所となります。このように同じ英語の発音記号といっても、表記方法には辞書による違いがあることに留意しましょう。

Q20

発音はどう評価すればよいのか？

　発音評価はハードルが高く、なかなか授業やテストに組み込めません。どのような方法がありますか？

　A　発音の評価は難しい問題で、明確な基準が定められていないのが現状です。それでも、特定の音声項目に絞った評価や、通じるか・通じないかといった全体の評価など、評価のパターンをいくつか知っておきましょう。

なぜ発音評価は敬遠されがちなのか

　発音評価は難しい、と感じる方は多いのではないでしょうか。理由は様々でしょうが、何よりも、発音評価に明確な指針がないことが問題です。

　この Q では、発音評価とは「誰が」「何を」「どのように」行えばよいのか、そしてどのような課題があるのか考えます。

発音評価は「誰が」行うのか？

　発音評価は「聞き手」によって変わります。同じ発音でも、ネイティブ・スピーカーはわかってくれても、ノン・ネイティブ・スピーカーにはわかってもらえないことがあります。反対に、ノン・ネイティブ・スピーカーにはわかりやすくても、ネイティブ・スピーカーにはわかりにくい英語発音もあります。

　教室内で発音を評価する立場にあるのは、第一に日本語を母語とする教員です。英語を教える教員であれば、英語の発音を判定できるだけの、音声に関する知識と判定する耳を持っていなければいけません。

　他の選択肢として、英語母語話者である ALT に評価してもらうという方法もあります。ALT が評価するなら問題ないはず、と考えたいところですが、注意は必要です。コテコテのカタカナ英語を "Good!!" と褒めてしまう ALT もいるからです。日本での教歴が長くカタカナ英語に慣れている ALT や、発音の「ダメ出し」は気の毒だと思っている ALT は、発音評価が甘くなる傾向があります。発音を適正に評価してほしいのであれば、基準を厳し

研究社の本

■新刊■スペイン語の新しいスタンダード

レクシコ 新標準スペイン語辞典

上田博人〔編〕　新書判 1120頁 2色刷／■3,300円／978-4-7674-5500-6

『プエルタ新スペイン語辞典』を縮約して新語・新語義を加えたポケット辞典。
収録語句5万1千。はじめてスペイン語を学ぶ人から専門家まで必携。

■好評既刊■

プエルタ新スペイン語辞典

上田博人、カルロス・ルビオ〔編〕　B6変型判 1920頁 2色刷／■4,700円／978-4-7674-9056-4

初めて学ぶ人のためのスペイン語辞典。4万2千語収録。

スペイン語文法ハンドブック

上田博人〔著〕　A5判 404頁　■3,200円／978-4-327-39420-2

気持ちが伝わる! スペイン語リアルフレーズBOOK

福嶌教隆〔著〕　四六判 CD付 216頁／■1,800円／978-4-327-39423-3

いつでもどこでも 私のスペイン語日常表現

森永祐子〔著〕　四六判 CD付 184頁／■1,800円／978-4-327-39429-5

■新刊■これ1冊で基礎からしっかり学べます

初 級 沖 縄 語

花薗 悟〔著〕国吉朝政〔協力〕
西岡 敏・仲原 穣〔監修〕

A5判 258頁 音声DL／■2,200円／978-4-327-38483-8

沖縄語の初級文法を効率よく学べる。無料ダウンロード音声で沖縄語話者
の会話が聞ける。詳しい解説と豊富な練習問題で独習にも最適。

■好評既刊■

沖縄語辞典 那覇方言を中心に

内間直仁・野原三義〔編著〕　四六判 448頁　■3,200円／978-4-7674-9052-6

気持ちが伝わる! 沖縄語リアルフレーズBOOK

比嘉光龍〔著〕　四六判 154頁 音声DL／■1,400円／978-4-327-38472-2

琉球方言とウチ・ソト意識

内間直仁〔著〕　A5判 上製 256頁／■3,500円／978-4-327-38459-3

■日常の〈話し言葉〉や〈慣用句〉を理解して使いこなすための辞典

研究社 日本語口語表現辞典〈第2版〉

山根智恵〔監修〕佐藤友子・奥村圭子〔編集委員〕　四六判 1224頁／■5,400円／978-4-7674-5022-3

国語辞典ではわからない実際の言葉の使われ方を、リアルな対話形式の
《会話例》で示した日本語辞典。見出し語の由来や語源も掲載。

■日本語の正しいコロケーションが分かる

研究社 日本語コロケーション辞典

姫野昌子〔監修〕柏崎雅世・藤村知子・鈴木智美〔編集委員〕

四六判 1304頁／■5,600円／978-4-7674-9110-3

くしてもらうように明確に伝えておくことが必要です。

　人間以外が判定者となることも、今後増えていくと思われます。音声認識の技術は、数年前と比較すると格段に進歩しました。音声認識のついているソフトウェアやアプリを使って、ゲーム感覚（遊び感覚）で、自分の発音を確認することも可能です。自分の発音がどのように聞き取られたか表示されるため、具体的に問題点を確認することができます。

発音評価は「何を」評価するのか？

　一口に発音といっても、様々な側面があります。生徒のレベルに合わせて、以下の評価基準を使い分けるとよいでしょう。

(1) 単語レベル（母音・子音・語強勢）

　初めは、評価するポイントを絞ってみましょう。授業で取り上げた単語や発音項目に絞るのが効果的です。これは時間節約にもつながります。

　例えば「語強勢」の位置は、比較的簡単に評価ができるポイントの一つです。cómfortable を *comfórtable、económic を *ecónomic と発音する学習者は多くいます。語強勢は、位置に注目すればよいため評価しやすく、辞書を使えば正解のパターンを確認できる点も心強いです。

　これが「母音」や「子音」の評価となると、難易度はグッとあがります。評価のポイントとして取り入れるのが比較的簡単なのは、母音では「短音」と「長音」の違いです（→ Q.17）。例えば、rádio や oásis の母音は /eɪ/、scénery や méter の母音は /iː/ ということは、評価しやすい項目です。

　子音の場合は、子音の規則的な読み方や（〈ph〉= /f/ など）、硬い・軟らかい〈c, g〉は、判断が比較的簡単にできる項目です。

　これに対して、評価が難しいのは、母音の /æ, ʌ, ɑ/ の違いや、子音の /l/ と /r/ の違いです。これらの音を評価するには、生徒の発音を正しく聞き取る力が必要ですし、生徒にミスを指摘して直してもらうのにも時間がかかります。

　もちろん教員としては、どんな項目も評価ができることを目指すべきですが、まずは評価しやすいものから始めて、段階的に項目を増やしていくのが現実的でしょう。

(2) 文章レベル

　発音は方言差や個人差が大きく、特に文章レベルになると、ただ一つの正しいイントネーションというものはありません。ゆえに、何を「正解」とするかが非常に難しくなります。

　それでも、スピーチやプレゼンテーションなどをしてもらい、区切り方、間のとり方（ポーズの置き方）、焦点の置き方、などを評価することはできます。声の大きさやスピード、流暢さなど、全体の話し方（delivery）として、内容とともに評価項目に加えることも可能です。

(3)「通じたか」を評価する

　実際のコミュニケーションでは、細かい発音の間違いはあったとしても、意味は比較的通じます。そのため、「通じたか」で発音を評価するのは現実的な方法といえます。

　しかし、そのときに問題となるのは、「通じたか」を誰が評価するかです。日本語を母語とする教員が評価する場合、「通じたか」を正確に判定できません。なぜならば、日本語母語話者同士での英語会話においては、「日本語の癖のある英語」は、とても「わかりやすい英語」だからです。

　したがって、「通じたか」を評価するのは、ALT のような英語話者（母語話者または非母語話者）が適切です。

　しかし、これが不可能な場合は、工夫をする必要があります。例えば、日本語母語話者の英語に慣れていない英語話者をゲストに招き、その人たちとコミュニケーションが成立するかを見るというのはよい方法でしょう。Skype など遠隔システムを使う方法もあります。

　人は「通じない」ときには、自分の発音を少し変えて「通じる」よう努力をします。発音以外にも、例えば、単語を聞き直したり、ジェスチャーを使ったり、わからないと伝えて言い直してもらったりします。コミュニケーションではこのような「通じるための努力」がとても大切です。そのような努力もしながら、「自分の英語が通じた」成功体験こそ、生徒にとって大きな財産となります。

発音評価は「どのように」行うのか？

　発音評価においては、「どのような素材を使うか」と「どのような形式で

おこなうか」の２点を考える必要があります。

　まず、「どのような素材を使うか」ですが、取り組みやすいのは、評価する単語や文章を事前に決めて生徒に渡しておき、発音してもらう方法です。これは、評価したい音声項目が明確な場合に有効です。生徒にとっては、英語音声の特定の項目に意識を向けて発音をしてみる練習になります。また評価をする教員にとっては、チェックするポイントが事前に決まっているのは安心です。

　下に挙げる【評価例1】が単語レベルの、【評価例2】が文章レベルの例です。もちろん、【評価例2】のような項目の評価を、自発的な発話の評価に用いることも可能です。

　次に、発音評価を「どのような形式でおこなうか」ですが、最も確実に発音をチェックする方法は、やはり個別にチェックすることです。しかし、この方法だと非常に時間がかかることが問題です。録音を提出してもらうこともできますが、録音チェックも授業外の時間が多くかかる作業です。他の選択肢として、授業内に生徒の発音を聞いて評価をする方法が考えられますが、全体に目が行き届かなくなったり、時間内に評価しきれなかったり、授業運営の難しさが伴います。

　発音評価は、上で説明したように、音声認識などの技術の向上が待たれる分野です。

【評価例1】生徒にリストを配布する。動詞と、-ion をつけた名詞形の両方を発音してもらい、強勢を持つ母音と強勢の位置を評価する。

（配布リスト）

(1) complete
(2) define
(3) determine
(4) discuss
(5) educate
(6) express
(7) permit
(8) produce

評価シート（例）V= 母音, S= 強勢						
動詞	V	S	名詞	V	S
(1) complete	☐	☐	→ completion	☐	☐
(2) define	☐	☐	→ definition	☐	☐
(3) determine	☐	☐	→ determination	☐	☐
(4) discuss	☐	☐	→ discussion	☐	☐
(5) educate	☐	☐	→ education	☐	☐
(6) express	☐	☐	→ expression	☐	☐
(7) permit	☐	☐	→ permission	☐	☐
(8) produce	☐	☐	→ production	☐	☐

【評価例 2】有名なスピーチの一節を音読してもらう。

> We don't often talk about men being imprisoned by gender stereotypes, but I can see that they are, and that when they are free, things will change for women as a natural consequence. If men don't have to be aggressive in order to be accepted, women won't feel compelled to be submissive. If men don't have to control, women won't have to be controlled. Both men and women should feel free to be sensitive. Both men and women should feel free to be strong.
>
> （エマ・ワトソン　2014 年　国連でのスピーチ）

評価シート（例）			
◆区切り方とポーズ	1-2-3-4-5	◆声のボリューム	1-2-3-4-5
◆焦点の置き方	1-2-3-4-5	◆スピード	1-2-3-4-5
◆イントネーション	1-2-3-4-5	◆流暢さ	1-2-3-4-5

それでも発音評価にチャレンジしたい

　このように、まだまだ課題の多い発音評価ですが、ではなぜ実施する必要があるのでしょうか？

　それは、生徒にとって「自分の発音を評価してもらえる」ということが重要な経験となるからです。発音の評価を受け、自分の発音の弱点を知るとともに、正しく発音できている項目に「OK!」というお墨付きをもらえることは、生徒の発音練習の動機付けとなります。

　したがって、教員にとってはたいへん難しい発音評価ですが、ぜひ少しずつでも取り入れたいものです。

ポイント

・まずは項目を絞った発音評価（最終目標はすべての音声項目の評価）

・自分の英語が「通じた」経験は、生徒にとって大きな財産

・音声認識などのテクノロジーを活用しよう

Q21

リスニングの素材はどう選ぶのか？

リスニングの素材を選ぶ上ではどのような点に注意が必要ですか？　また、よいリスニング素材を見つける方法を教えてください。

A リスニング素材を選ぶ際は、「方言の多様性」「話者の特性（年齢や性別）と話し方」「発話状況」といった要因に気をつける必要があります。Web 上で公開されている教材などを積極的に活用しましょう。

「聞く」活動の重要性

言語を使った活動には様々ありますが、「聞く」活動は、母語と外国語で大きな違いがあります。日本語母語話者は、生まれたときから、周りの人が日本語を話すのをずっと聞いています。テレビを見ているとき、買い物をしているとき、街中を歩いているとき、電車に乗っているとき、私たちはたえず日本語を聞いています。日本に住んでいると、日本語のインプットを大量に得る機会があるのです。

では、英語はどうでしょうか。日本語で生活をする生徒たちにとって、教室外で英語を聞く場面は、よほど積極的に機会を作ろうとしない限り、ほとんどありません。英語を「聞く」時間は圧倒的に少ないのです。そのため、「聞く」機会を授業の内外でつくることはとても大切です。

リスニング素材の3要素

リスニングを授業に取り入れるときには、生徒を混乱させることがないように配慮が必要です。最終的な目標として、「多様な英語を聞かせる」ことは大事ですが、リスニング経験の乏しい生徒にいきなり様々なタイプの英語を聞かせても、いたずらに混乱を招くだけです。生徒のレベルに合わせて、リスニング素材を選択できることが大事です（Field, 2008）。

リスニング素材の音声に関しては、下図に挙げる3つの要素を組み合わせて考えることができます。例えば「一人のアメリカ発音話者による、一方向のゆっくりとした発話」は、最も簡単なリスニング素材といえます。しかし、

「様々な方言・性別・年齢の複数の話者による、国際会議でのディスカッション」となると、非常に難易度の高いリスニング素材になります。

方言の多様性	アメリカ発音（モデル）、（米音以外の）母語話者の英語、国際共通語としての英語、など
話者の特性と話し方	性別、年齢、声質、声量、感情・気持ち、発話速度、など
発話状況	話者の人数、フォーマル・インフォーマルな発話、視覚情報の有無、ノイズの有無、など

図14　リスニング素材の3要素

　以下では、簡単なものから難しいものという順番で5段階に分けて、リスニング素材を紹介します。

リスニング素材を選ぶ5つのステップ

Step 1：教室で聞く英語が出発点

　教室で先生が生徒に語りかける英語をTeacher Talkと呼びます。シンプルな語彙や文法構造を使う、言い換えや繰り返しが多いといったことに加えて、ゆっくりはっきりと発音するという特徴があります。これは日本語母語話者の先生でもALTでも同じことがいえます。

　先生の英語の次に生徒になじみがあるのは、「教科書の英語」です。公立中学校で使われる英語教科書の付属音声のほとんどは、ゆっくりとしたアメリカ発音でした（Sugimoto & Uchida, 2018b）。教科書には様々なキャラクターが登場しますが、インド人の先生も、韓国からの留学生も、オーストラリア人のホストファミリーも、みな同じ種類の英語を話すのです。

　つまり、生徒が教室内で聞く英語のタイプは非常に限られています。その結果、先生の英語や教科書の音声は聞き取れるのに、他の英語は聞き取れないという問題が起こります。「教室の英語」を聞き取れることを出発点に、少しずつバリエーションを増やしていくことが大切です。

Step 2：学習者向けの英語素材を活用

　最近は、検定試験のリスニングに様々な英語変種が使われるようになりま

した。例えば、就職活動で多用される TOEIC では、アメリカ英語の他にも、イギリス英語、カナダ英語、オーストラリア英語が使われています。多くの問題集には、どの英語が使用されているのか明示してあります。こうしたテストの音声は、それほど速すぎず聞き取りやすい英語であるため、「アメリカ発音以外の母語話者の英語」を最初に聞く素材として最適です。

　Web 上にも、学習者向けのコンテンツが充実しているサイトがあります。例えば BBC Learning English です。文法や語彙の他に、発音やニュースという項目もあり、スクリプトや練習問題が用意されているため授業に使いやすいのが特徴です。

　オンラインの素材は、動画など視覚情報を得られることも魅力です。もし音声だけで十分であれば、Podcast を利用することも可能です。

Step 3：ニュース素材を活用

　学習者向けの教材以外の英語を聞くチャンスとして、一番アクセスしやすいのはニュースの英語です。一般の教材よりも、ややスピードは速くなります。

　「ニュース英語は難しい」という場合には、日本のニュースの英語版がおすすめです。海外のニュースだと、その国の社会や文化の知識も必要なので難易度が上がりますが、日本のニュースであればすでに内容を知っていることも多く、予備知識が理解を助けてくれます。例えば NHK RADIO JAPAN Podcasting というサービスでは、様々な種類の英語を聞くことができます。日本語母語話者の英語も含まれており、生徒にとってよいモデルを聞く機会となります。

　一方で、英語圏のニュースで代表的なところを挙げると、アメリカなら CNN、イギリスなら BBC、オンラインメディアなら HUFFPOST などがあります。Web 上でニュースの動画などをいつでも自由にみることができます。

Step 4：映画やドラマ素材にチャレンジ

　ニュースの英語は基本的に、キャスターから視聴者への一方向の情報伝達ですが、映画やドラマでは、より自然な状況での英語を聞くことができます。

　特に、様々な性別や年齢の話者の発音を聞くためには、映画・ドラマ・バラエティ番組がとてもよい教材です。キャラクターによって発話速度も違いますし、性別も年齢も人種も様々な話者が登場します。聞いてみると子ども

の発音などは、とても聞き取りにくいことに気がつくはずです。

　映画やドラマの場合も、字幕を活用することが可能です。視覚情報もあり、英語だけでなく文化を知ることができる点も魅力です。

Step 5：世界の英語を探検

　最後に、より多様な英語に触れることのできる Web 上のリソースを紹介しておきます。

　一つは ELLLO（English Listening Lesson Library Online）です。この学習者向けの Web サイトでは、レベル別に分けられた豊富な素材を聞くことができ、スクリプトやクイズもついています。最大の特徴は、各アクティビティに、話者の出身が国旗で示されている点です。この国旗のラベルを利用して、例えば「中国語話者の英語を聞いてみよう」「ドイツ語話者の英語を聞いてみよう」というように授業へ取り入れることができます。

　2 つ目は東京外国語大学言語モジュールの英語ページです。このサイトでは、インド英語やシンガポール英語についての解説を、日本語で読める点が役に立ちます。また、リスニング用の音声も豊富に用意されています。インド英語やシンガポール英語を授業で紹介すれば、生徒はアメリカ英語との違いに驚くことでしょう。

　3 つ目は IDEA（International Dialects of English Archive）です。世界の様々な地域の話者の朗読音声と、インタビューを受けている音声を聞くことができます。

　この Q で紹介したものを含め、巻末に筆者らのすすめる Web 上のリソースをまとめました（→付録）。これらはごく一部ですので、ぜひ新しいものも探してみてください。

◀ ポイント

・リスニング素材を選ぶポイントは「方言の多様性」「話者の特性と話し方」「発話状況」
・教室の英語から、ニュース、映画やドラマへと、聞く対象を広げよう
・様々なリソースを活用して、世界の英語を探検しよう

Q22

イントネーションはどう教えるのか？

実践編

談話レベルの発音

　イントネーションが大事なのはわかっているのですが、教科書に書かれているルールを教えるだけになってしまいます。それでよいでしょうか？

A　文タイプとイントネーションの規則的な対応は、最も覚えやすく指導しやすいので、指導に取り入れましょう。さらに、例外的なイントネーションが持つニュアンスを知っておくと、指導の幅が広がります。

文タイプとイントネーション

　イントネーションの使い方を説明するときに最もよく使われるのが、文タイプ（平叙文、疑問文、命令文など）とイントネーションを対応させる教え方です。「平叙文なら下降調で発音する」というのが一例です。

　この Q では、教科書に書かれている一般的な「文タイプとイントネーションの対応」について、一つひとつ確認し、追加で注意すべき点を説明します。

平叙文は下降調で発音する

　「平叙文は下降調で発音する」は、まず覚えるべき大原則です。下の引用は、オバマ米大統領の演説の一部です。6 つの平叙文で構成されており、すべて下降調で発音されています。🎤 025

| ¹The road ahead will be long. ↘ | ²Our climb will be steep. ↘ | ³We may not get there in one year or even one term. ↘ | But America – ⁴I have never been more hopeful than I am tonight that we will get there. ↘ | ⁵I promise you. ↘ | ⁶We as a people will get there. ↘ |

（オバマ米大統領　2008 年　勝利演説）

　実際の会話やスピーチでは、平叙文が圧倒的に多く、一部の例外を除き、下降調で発音されます。下降調は、話者が言いたいことを言い切り、意味が

一区切りすることを示す大切なイントネーションです。

　しかし、実際に音読をさせてみると、文末でしっかりと声の高さを下げることができない生徒も少なくありません。平叙文では、しっかり声の高さを下げ切って発音することが大切です。

Yes-No 疑問文は上昇調で発音する

　英語の教科書に書かれている通り、Yes-No 疑問文はまずは上昇調で発音してみましょう。

　ただし、実際の会話では、下降調を使う Yes-No 疑問文も聞かれます。このときには、上昇調よりも少し強く答えを求めているような雰囲気が伴います。上昇調と下降調の Yes-No 疑問文を聞き比べてみましょう。 🎤 026

　　Can I HELP you?　　　　　　　　　　↗　　　↘

　　Will you open the WINdow?　　　　　↗　　　↘

　　Do you know Professor SMITH?　　　↗　　　↘

　文法的には平叙文であっても、上昇調を使うと疑問文に変えることができます。書きことばでは文末に「？」をつけて疑問文であることを示しますが、話しことばでは上昇調が疑問文であるというサインになります。 🎤 027

　　No one's COMing?　　　　　　　　　↗

　　You are feeling oK?　　　　　　　　　↗

WH 疑問文は下降調で発音する

　「疑問文＝上昇調」というイメージを持っている学習者は多いのですが、すべての疑問文が上昇調で発音されるわけではありません。「WH 疑問文は下降調で発音する」のが原則です。

　しかし、Yes-No 疑問文と同様に、イントネーションの規則は絶対ではないため、WH 疑問文が上昇調で発音されることもあります。その場合は、少しやわらかく丁寧な、励ますような印象になります。WH 疑問文を下降調、上昇調の順番で聞き比べてみましょう。 🎤 028

WHY?   ↘   ↗
Where do you LIVE?   ↘   ↗
What can I DO for you?   ↘   ↗
How do I look in this SWEATer? ↘   ↗

聞き返すときは上昇調

　WH 疑問文が上昇調で発音されるもう一つのケースとして、「聞き返し文」があります。これは、相手の言ったことがよく聞こえなかったため「えっ？」と聞き返すときに使う文です。聞き返し文は、"What?" など一言の場合と、長い WH 疑問文の場合があります。

　次の会話の 2 パターンを比較してください。最初の A の発言は同じです。B が B1 のように下降調を使うと、さらに情報を求める WH 疑問文となります。一方、B2 のように上昇調を使うと、相手に繰り返しを求める聞き返し文になります。このとき、焦点を置く語は疑問詞です。🎤 029

A：I have a dentist appointment on Tuesday.
　　┌ B1：When is your apPOINTment? ↘
　　└ A1：Eleven o'clock.
　　┌ B2：WHEN is your appointment? ↗
　　└ A2：Tuesday.

　なお、相手の言ったことが正しく聞き取れていて、その内容にとても驚いた場合にも上昇調を使います。そのため、特に文末で声の高さがぐっと上がる発音の仕方をすると、驚いているように聞こえることがあります。

その他のイントネーション

(1) 文頭のつなぎ語は下降上昇調で（次へとつながるサイン）

　上昇で終わるイントネーションは、次にまだ何かが続く「継続」の意味を持ちます。プレゼンテーションなどでは、文頭で副詞類をつなぎ語として使うことがよくあります。このときは下の例のように、文頭の副詞類だけで独立したイントネーション群を構成し、下降上昇調がよく使われます。🎤 030

| First of all, ↴　| I will explain the English spelling system. |

| Unfortunately, ↴　| English spelling is said to be very difficult for learners. |

| However, ↴　| many English words are actually spelled regularly. |

(2) 挿入語句として情報を補足するときは、低く・弱く・素早く

　最後に、挿入語句のイントネーションを確認しておきましょう。挿入語句とは、本文に補足的に付け加わった内容であり、（　）に入れて省略できるような部分です。下の例では、フォントを小さく示している、2つ目のイントネーション群が補足情報です。 🎤031

| Mr. Jones | as far as I know | is not involved in the plan. |

| Mary | in case you didn't know | has moved to Australia. |

　この挿入部分は、「低く・弱く・素早く」発音するのがポイントです。例えば2番目の文でいうと、Mary has moved to Australia. という部分が大事なので、挿入語句の in case you didn't know は目立たないように低く・弱く・素早く発音されます。

　このように、文タイプや文構造によって、イントネーションはある程度決まってきます。例外や個人差はあるのですが、まずは基本的なルールは一通り教えるようにしましょう。

◀️ ポイント

・平叙文末など、下降調を使う位置ではしっかり声の高さを下げよう

・Yes-No 疑問文は上昇調、WH 疑問文は下降調が基本ルール

・聞き返し文・文頭のつなぎ語・挿入語句のお決まりのイントネーションを知っておこう

1 次の文のイントネーションが、下降で終わるか、上昇で終わるか、聞き取ってみましょう。あえて文末にピリオドや疑問符はつけていません。
🎤 032

1. I can call you ↘ ↗   2. You sent her an email ↘ ↗
3. She's in trouble ↘ ↗   4. He never keeps his word ↘ ↗
5. They might come ↘ ↗   6. He left for Paris the next day ↘ ↗
7. He likes to cook ↘ ↗   8. She's moving to China ↘ ↗
9. She believes you ↘ ↗   10. The room is large enough ↘ ↗

ねらい 下降調だと平叙文、上昇調だと疑問文に聞こえることを確認。

2 Who am I? ゲーム：一人がある「物」を思い浮かべます。他の人は、たくさん質問をしてそれが何かをあてます。
最初のいくつかの質問は、Yes-No 疑問文で聞いてみましょう。それでも答えにたどりつけない場合は、WH 疑問文で聞いてよいことにします。

<Answer: Dinosaur>

Do we see you in class?   Where do you live?
Are you an animal?   What do you eat?
Can we eat you?   Where can I find you?
Do you live in a zoo?   What color are you?
Do you eat grass?
Are you bigger than a horse?

ねらい 自発的な発話の中で Yes-No 疑問文と WH 疑問文を使う練習。

Q23

長い文はどこで区切ると教えるのか？

　生徒は少し長めの文になるとメリハリをつけずに一本調子で読んでしまい、いかにも不自然です。長い文をどこで区切るべきかルールを教えたいのですが、どう説明したらよいでしょうか？

A　どこで区切るべきかについて確固たるルールはないものの、原則として、句や節のような文法的な単位で区切られます。同じ発話でも、何を伝えたいかにより区切り方が変わってくることもあります。

書きことばでは「意味のまとまり」は視覚的に表される

　次の文を見てみましょう。

If you don't have an umbrella with you, you are most likely to get wet on the way, because the forecast says it'll rain this afternoon.

　比較的長い文ですが、意味のまとまりは明確でしょう。これは、文の出だしが大文字で書かれ、単語と単語の間にスペースが入り、長い句や節はカンマやピリオドで区切られているからです。視覚的に意味のまとまりが表されていて、読者はそのまとまりに沿って意味の理解を進められます。

イントネーション群＝意味のまとまり

　このように、書きことばでは意味のまとまりが明確ですが、話しことば（音声）の場合はそうしたまとまりがないので、理解が難しいと思うかもしれません。けれども実は、話しことばでも意味のまとまりはきちんと表現されています。例えば、上の文であれば、カンマやピリオドに相当する位置に音声的な区切りが入ることで、意味のまとまりが示されます。

| ifyoudon'thaveanumbrellawithyou | youaremostlikelytogetwetontheway
| becausetheforecastsaysit'llrainthisafternoon |

　もう少し具体的に説明しましょう。音声的な区切り目には①ごく短いポーズが入り、②ポーズ前の最後の語は多少長めに発音されます。また、文の途中で区切り目がある場合、③イントネーションは軽く上昇したり、完璧には下がりきらないことで、「まだ言いたいことが続く」ことを表すことが一般的です（→ Q.8）。

　さらに、音声のまとまりの内部では、内容語は強く、機能語は弱くなります（→ Q.24）。強勢を持つ音節に下線を引くと、実際の音声は以下のように聞こえてくるはずです。🎤 033

| if<u>you</u><u>dont</u>’have<u>an</u>umbrellawith<u>you</u> | <u>you</u>aremost<u>like</u>lytoget<u>wet</u>onthe<u>way</u>
| becausethe<u>fore</u>castsaysit’ll<u>rain</u>this<u>after</u>noon |

　このように、音声においても、話し手は「意味のまとまり」がわかるような工夫をしています。聞き手はそれをもとに、自らの文法や語彙の知識も活用しながら、発話の意味を解釈するのです。

　この「音声のまとまり」のことを、本書では**イントネーション群**と呼び、その切れ目は縦線（|）で示します。ここからは、イントネーション群の区切り方に注目して説明をしていきます。

イントネーション群＝文法的なまとまり

　イントネーション群がどのように決まるかについて、厳密なルールはありません。あえていえば、節（文）・句のような文法的なまとまりに対応させるのが普通です。つまり、イントネーション群は、意味的なまとまりであるとともに、文法的なまとまりでもあります。

　先ほどの発話であれば、例えば次のようになるでしょう。下線部は各イントネーション群で最も重要な、焦点（大文字部分）を持つ語です（→ Q.8）。

| If you don’t have an <u>umBRELla</u> with you（条件節）| you are most likely to get <u>WET</u> on the way（主節）| because the forecast says it’ll <u>RAIN</u> this afternoon.（従属節）|（3 つのイントネーション群）

　この例では、イントネーション群は書きことばのカンマやピリオドに対応

しており、これはこの発話を授業中に読み上げる際などの切り方としては、最も一般的な区切り方でしょう。

イントネーション群の切り方によって意味が変わることもある

イントネーション群の区切り方によっては意味が変わってしまうことがあるので、注意が必要です。次の3つの発話について、それぞれ2つの異なる区切り方を比較してみましょう。カッコ内では、区切り方の違いで意味がどう変わるかを説明しています。🎤 034

(a-1) | Why did you fail Tom? | （Tom を不合格にした）

(a-2) | Why did you fail | Tom? | （Tom に呼びかけている）

(b-1) | My aunt who majored in linguistics | is fluent in several languages. |

（叔母が複数いて、そのうち一人が言語学を専攻していた）

(b-2) | My aunt | who majored in linguistics | is fluent in several languages. |

（叔母が一人いて、その人が言語学を専攻していた）

(c-1) | I take two-hour-long piano lessons every week. |

（2時間のピアノレッスンを複数回）

(c-2) | I take two | hour-long piano lessons every week. |

（1時間のピアノレッスンを2回）

このように、区切り方によって意味がガラリと変わってしまう場合があるのです。書きことばであればカンマ等で意味のまとまりを示すことができますが、話しことばはそれを音で表現する必要があります。長い文を一本調子で読んでしまう生徒には、こうした例を提示して、文を区切ることの重要性を伝えることが大切です。

決まった区切り方をする場合

上で「イントネーション群の区切り方にルールはない」と書きましたが、実はイントネーション群の区切り方が決まっている場合もあります。

① 物や数字を列挙するとき 🎤 035

| Let's count the balls in the box: | one | two | three | four | five. |
| The student is generous | sociable | and intelligent. |

列挙する項目ごとに区切りを入れます。列挙している最中は、まだ列挙が終わっていないことを示すために、下降調以外のイントネーションが使われ傾向があります。最後の項目では、下降調が使われます。

② 選択疑問文 🎤 036

| Would you like pork | or fish? |
| Do you have time on Saturday | or Sunday? |

or の前に区切りが入ります。列挙の場合と同様に、1つ目の選択肢は上昇調、2つ目の選択肢は下降調のイントネーションになります。

③ or を使うが、選択を求めていない疑問文 🎤 037

| Do you have time on Saturday or Sunday? |
| Have you visited Sensoji Temple or Sky Tree? |

こちらも②と同様に or が使われていますが、2つのどちらかを選ぶように求めているわけではありません。そうではなくて、最初の質問であれば「土曜日とか日曜日とか、要するに週末に時間があるか？」ということを、2つ目の質問であれば「浅草寺やスカイツリーに限っているわけではないが、そういった東京の観光名所には行ったか？」ということを聞いています。こうした文の場合には、or の前に区切りは入りません。

イントネーション群の区切り方は自由度が高い

しかし、決まった区切り方をする必要がある場合を除けば、最初に説明したようにイントネーション群の区切り方は比較的自由で、これが唯一の区切り方である、という決まりがあるわけではありません。

例えば、冒頭に挙げた文を再度見てみましょう。上では3つのイントネーション群に分けましたが、英語が不得意な生徒向けに、次のようにさらに細

かく区切ることも可能です。🎤 038

| If you don't have an <u>umBRELla</u> with you | you are most likely to get <u>WET</u> | on the <u>WAY</u> | because the <u>FOREcast</u> says | it'll <u>RAIN</u> this afternoon. | （5つのイントネーション群）

　このようにイントネーション群が増えると、それに合わせて焦点となる語も増えることに着目してください。焦点となる語が多いということは、すなわちこの文の内容に、より重みがあるということにもつながってきます。

　つまり、使う語数は同じでも、イントネーション群の数を増やすことによって、自分の言っていることは情報量が高い、ひいては内容に重みがあるのだ、というふうに思わせることができます。このテクニックは、例えば政治家のスピーチではよく活用されています。次の文を3通りで発音した音声を聞いて、その聞こえ方を比較してみましょう。🎤 039

| Democracy without social justice is not <u>deMOCracy</u>. |
| Democracy without social <u>JUSTice</u> | is <u>NOT</u> democracy. |
| <u>DeMOCracy</u> | without social <u>JUSTice</u> | is <u>NOT</u> | <u>deMOCracy</u>. |

　イントネーション群の区切り方により、伝わり方も変わってくるのです。
　入門期の音読練習などで、イントネーション群を短く切って提示することは、教育上の観点からは有効です。ただ、区切り方を変えるだけで伝わるメッセージが大きく変わりうることも心に留めておき、生徒が音読練習に慣れた頃に、上のような効果についても解説するとよいでしょう。

◀️**ポイント**▶
・イントネーション群は意味的まとまりと文法的まとまりに対応
・イントネーション群の区切り方が決まっている場合がある
・イントネーション群の長短でメッセージの伝わり方が変わる

1 次の文を、カッコで指定された数のイントネーション群に分けて、発音してみましょう（意味や文法のまとまりを考えてほしいので、通常はカンマなどが入るような場所であっても入っていません）。 🎤040

（1）Once upon a time there lived an old man and his wife all alone in a small house at the end of the village.（4つ）

（2）We will be stopping at Kyoto Nagoya Shin-Yokohama and Shinagawa stations before arriving at Tokyo terminal.（5つ）

（3）My grandfather who lives in Hamamatsu is coming for a visit next Friday afternoon.（3つ）
（浜松に住んでいる方の祖父が来週金曜日の午後に訪ねてくる）

（4）There are three hour long tests scheduled for midterm exams.（3つ）
（中間試験として1時間かかる試験が3つ予定されている）

ねらい 文法的なまとまりを考えてイントネーション群に区切る練習。その際、区切り方で意味が変わることにも気づかせる。

2 次のスピーチを、初めて音読練習させる場合の読み方と、慣れてより自然に音読する場合の読み方の2通りで発音してみましょう。 🎤041

Dear brothers and sisters, we want schools and education for every child's bright future. We will continue our journey to our destination of peace and education. No one can stop us. We will speak up for our rights and we will bring change through our voice. We believe in the power and the strength of our words. Our words can change the whole world because we are all together, united for the cause of education. And if we want to achieve our goal, then let us empower ourselves with the weapon of knowledge and let us shield ourselves with unity and togetherness. （マララ・ユスフザイさん　2013年　国連本部での演説抜粋）

ねらい 意味と文法構造を考えて、適切なイントネーション群に区切る練習。

Q24

強い単語と弱い単語の違いはどう教えるのか？

　どの単語もすべて強く発音する生徒がいます。メリハリをつけて読んでもらうためには、どのように教えたらよいでしょうか？

A　英語は強弱でリズムをつくる言語なので、発話時の単語の強弱はとても大切です。基本ルールは、「内容語は強く・機能語は弱く」です。ただし、機能語が強く発音されることもあります。

すべての語を強く発音したら変！

　英単語には必ず、強く発音される音節があります。1音節語であれば、その音節が強く発音されますが（例：són, chíld）、複数の音節を持つ単語の場合は、相対的に強い音節と弱い音節の両方が現れます（例：párent, cóusin）。このような語レベルの強弱を語強勢と呼びます（→ Q.10）。

　しかし、個々の語の強弱をそのまま発話でも適用すると、ロボットが音声を発しているような不自然な発音に聞こえてしまいます。例を見てみましょう。🎤 042

Mélbourne ís óne óf thé móst fáscinàting ánd víbrant cíties hé hás éver vísited.

　この音声が不自然なのは、「強い音節と弱い音節が交互に現れる」という英語のリズムに反するからです（→ Q.10）。一語一語をはっきりと発音するのだからむしろわかりやすいはずだ、と思うかもしれませんが、特に英語母語話者が聞き手の場合、リズムが崩れることが原因で非常に聞きづらくなります。

　英語母語話者にとって聞き取りやすい自然な発話とは、強く発音する語（以下で下線をつけた語）と弱く発音する語が繰り返し現れる強勢拍リズムを持った発音です。🎤 043

110

Mélbourne is óne of the móst fáscinàting and víbrant cíties he has éver vísited.

ためしに、上の文の弱い語を次のように隠してみましょう。

Mélbourne ■ óne ■ ■ móst fáscinàting ■■ víbrant cíties ■ ■ éver vísited.

聞こえない語があっても、「メルボルン、一つ、最も魅力的な、活気のある街、これまでに訪れた」という意味だけで、内容が大体伝わることがわかるでしょうか。

強く発音する「内容語」、弱く発音する「機能語」

強く発音される語は多くの場合、情報を伝える上で重要な意味を持つ**内容語**（content word）です。一方、弱く発音される語は、is, of, the, and, he, has のように、それ自体に意味があるというよりも、語と語の文法的な関係性を示す**機能語**（function word）です。

どの語が内容語か機能語かは、品詞でわかります。

表 14　内容語と機能語の品詞

強く発音（内容語）	弱く発音（機能語）
・名詞：Melbourne, city ・形容詞：fascinating, vibrant ・動詞：visit, have, speak ・副詞：ever, well, fortunately	・冠詞：the, a, an ・前置詞（1 音節）：of, in, to ・接続詞：and, or, but ・人称代名詞：his, she, it ・関係詞：who, that ・不定形容詞：some ・助動詞：can, must, should ・be 動詞：is, am, were

（機能語だが強く発音）
・数詞：one, ten, million
・指示代名詞：this, that
・疑問代名詞：who, when
・否定の not

　「強く発音する」語は、語全体を強く発音するのではなく、語強勢を受ける音節を「長く・強く・高く」、そして母音は「明瞭に」発音します（→ Q.10）。

　一方、「弱く発音する」語は、「短く・弱く・低く」、そして母音部分は「曖昧に」発音します。以下の例を、機能語の発音に注意しながら聞いてみましょう。機能語に弱母音 /ə/, /ɚ/, /i/ が使われていることがわかります。 🎤 044

The <u>penguins</u> are <u>cute</u>.	the /ðə/, are /ɚ/
We <u>emptied</u> a <u>bottle</u> of <u>wine</u>.	we /wi/, a /ə/, of /əv/
She could <u>not find</u> her <u>luggage</u> at <u>Narita</u>.	she /ʃi/, could /kəd/,
	her /(h)ɚ/, at /ət/

and や or のような接続詞も、かなり弱くなるため、非常に聞き取りにくくなることがあります。 🎤 045

<u>What's</u> the <u>time</u> <u>difference</u> <u>between</u> <u>Japan</u> and <u>Australia</u>?	and /ən/
Would you <u>like</u> <u>milk</u> or <u>sugar</u> with your <u>coffee</u>?	or /ɚ/

　発音する際も、「アンド」「オァ」などと長く明瞭に発音するのではなく、「ァン」「ォ」のように短く曖昧に発音して、英語の強弱のリズムを崩さないようにする必要があります。

　機能語がさらに弱く発音された結果、**縮約形**（contracted form）となって母音が落ちてしまうこともあります。Melbourne で始まる前ページの文を実際に発音すると、次のように縮約されることはよくあります。

Melbourne is → Melbourne's	is /əz, ɪz/ → 's /z/
he has → he's	he has /(h)i (h)əz / → he's /(h)iz/

　「機能語は弱く」が原則ですが、いつも弱く発音されるとは限りません。例えば、単語を引用する場合には、強く発音されます。 🎤 046

The <u>word</u> that <u>goes</u> <u>into</u> the <u>blank</u> is "<u>can</u>."　/kǽn/

また、前後の文脈で、強調や対比をする必要がある場合に、本来は弱く発音される機能語が強く発音されることもあります。🎤 047

We <u>got</u> to <u>see</u> <u>koalas</u> <u>and</u> <u>kangaroos</u> at the <u>sanctuary</u>.　/ǽnd/
（保護区では、コアラと**カンガルーの両方を**見ることができた）
We <u>did</u> <u>see</u> the <u>koalas</u> <u>awake</u> and <u>active</u>.　/díd/
（起きて活動的なコアラを**本当に**見たのだ）

さらに文末では、助動詞や前置詞のような機能語は強く発音されます。
🎤 048

A：Do <u>koalas</u> <u>sleep</u> <u>most</u> of the <u>time</u>? – B：<u>Yes</u>, they <u>do</u>.　/dú:/
A：Does it <u>snow</u> in <u>Melbourne</u>? – B：<u>Not</u> that I <u>know</u> <u>of</u>.　/ɔ́:v/

機能語が弱く発音される形を**弱形**（weak form）、強く発音される形を**強形**（strong form）と呼び、辞書にも記述されています（→ Q.19）。ここにいくつか挙げておきます。

	弱形	強形			弱形	強形
a	/ə/	/éɪ/		the	/ðə, ði/	/ðí:/
to	/tə, tu/	/tú:/		must	/məs(t)/	/mʌ́st/
from	/frəm/	/frʌ́m, frʌ́m/		her	/(h)ɚ/	/hɚ́:/

🔖 **ポイント**
・内容語は名詞・形容詞・動詞・副詞など意味のある語で、強く発音
・機能語は冠詞・前置詞・人称代名詞・be 動詞など文法的役割を担う語で、弱く発音
・機能語は通常は弱く発音（弱形）、文脈に応じて強く発音（強形）

1 音声を聞き、空欄になっている下線部に語を入れてみましょう（2語以上入ることもあります）。 🎤 049

(1) _____ constant flow _____ immigrants _____ city _____ boosted _____ economy dramatically.

(2) _____ country _____ popular among tourists _____ abundant nature _____ mild climate.

(3) _____ use public transportation such _____ trams free _____ charge _____ downtown area.

ねらい 空欄に入る語句は弱く発音される機能語であることに気づかせる。

2 次の3つのグループの単語の中から少なくとも1語ずつ使って、自由に文を作りましょう。次に、どの単語を強く／弱く発音するべきかを考えながら、できあがった文を発音してみましょう。

グループ1（名詞・代名詞）: he, she, they, we, you, teacher, student, child, parent, meeting, problem, plan, trip, noise, music, book, bicycle, exam, lunch, train

グループ2（動詞）: explain, reply, go, attend, read, write, enter, discuss, live, talk, listen, make, obey, study, arrive, get, visit, play

グループ3（時間・場所を表す語）: Italy, school, city, station, hotel, Tokyo, abroad, restaurant, temple, park, November, Monday, 3 o'clock, next year, 2022, afternoon, morning, night

ねらい 冠詞を必要とする名詞、あとに目的語を取るために前置詞が必要となる動詞、that 節を取るのが自然な動詞など、文法事項や語彙知識を確認しつつ、弱く発音される語はどれかも考えさせる。

Q25

文のどこを強調して発音するように教えるのか？

　文を発音するときは、大切な単語を強調するように教えています。もう少し正確に教えたいのですが、何か規則はあるのでしょうか？

A　イントネーション群の中には、強く発音される単語と弱く発音される単語がありますが、その中でも一番伝えたい情報を含む語に焦点が置かれます。

イントネーション群と焦点

　イントネーション群とは、発話を意味のまとまりに応じていくつかのかたまりに区切ったものです（→ Q.8, 23）。

　Q.24 で、英語は「内容語は強く・機能語は弱く」が基本だと解説しました。各イントネーション群には、強調して発音する語が必ず１つあります。これは群の中で最も重要な語であり、この語の強勢を持つ音節のことを**焦点**と呼びます。

　次の２つの発話では、イントネーション群を縦棒（｜）で区切り、内容語には下線を引き、焦点は大文字で示しています。🎤 050

　(1)　｜ She liked the STOry. ｜
　(2)　｜ To her surPRISE ｜ everyone else liked the MUsic. ｜

　焦点を受ける語が、イントネーション群の中で最も強く発音されることになります。また、イントネーションに大きな役割を果たすメロディが始まるのは、焦点のある位置からです（→ Q.8）。

特段の理由がなければ、イントネーション群の最後の内容語に焦点

　(1)、(2) の例が示す通り、焦点はイントネーション群の最後の内容語にくるのが通例です。その結果、最後の内容語の語強勢を受ける音節が最も強く発音されます。例をさらに見てみましょう。🎤 051

115

(3) | I'm getting a bit HUNgry. | When the play is Over, | let's grab a BITE. |

(4) | They invited a new director from FRANCE, | so in the PLAY | there is some European FLAvor. |

ただし、内容語であっても、時（例：today, this afternoon, then）や場所を表す語（例：here, there）には、通常、焦点は来ません。🎤 052

(5) | I left the theater EARlier that night. | （nightに焦点は来ない）

(6) | MaRIna, | I have kept a SEAT for you here. | （hereに焦点は来ない）

新情報を持つ語があれば、その語に焦点

焦点がイントネーション群の最後の内容語にくることが多いのは、最後の内容語が、その発話の中で話し手が伝えたい**新情報**（new information）であることが多いからです。例えば、(2) では、「驚いたことに他のみんなは（話ではなく）音楽が気に入ったんだ」ということを伝えたいわけで、下線の引かれた2つは新しく伝えたい重要な情報であるといえるでしょう。

それでは、新情報が最後に来ない場合はどうすればよいでしょうか？　その場合は、新情報となる語に焦点を置けばよいのです。🎤 053

(7) | So she didn't enjoy the STOry? |
　　– | WELL, | she LIKED the story ... |

(8) | Didn't she like the PLAY? |
　　– | She liked the STOry, | but not the MUsic. |

(9) | Who liked the STOry? | – | SHE liked the story. |

(7)～(9) はすべて "She liked the story." という発話を含みますが、質問の内容により新情報となる要素は変わるため、焦点を受ける語も変わります。

新情報が機能語であれば、(9) のように she のような機能語にも焦点がくることにも着目しましょう。この場合、she の発音は強く発音される強形 /ʃíː/ になります（→ Q.25）。

強調や対比を表す語に焦点

　焦点は最も重要な情報を示すため、話者が特に**強調**（emphasis）をしたい語にも焦点を置くことができます。この場合、普通に焦点を置く場合よりも声の高さが高くなります。🎤 054

(10)　| How did you like the PLAY? | – | I REally enjoyed it! |

(11)　| A good comedy must have a well-written plot AND entertaining music. |

　強調したい語がもし機能語であれば、そこに焦点が来てもよいことにも注目しましょう。

　また（8）の例のように、**対比**（contrast）を示したい場合は、2つのイントネーション群の焦点に対比させたい要素が来ます。いくつか例を挙げましょう。🎤 055

(12)　| The orchestra played ON-stage, | though I had thought they would be OFF-stage. |

(13)　| The superhero will appear from stage RIGHT, | not from stage LEFT. |

◤ポイント◢

・強く発音する焦点は、1つのイントネーション群に1つだけ
・通常はイントネーション群内の最後の内容語が焦点
・伝えたい新情報や強調・対比したい語に焦点を置こう

指導アイディア

1 次の文を（1）～（3）の質問の答えとして言う場合、どこに焦点が置かれるか考えてみましょう。また、文全体を適切に発音してみましょう。
🎤 056

The artist composed and performed the music for the movie.

(1) Who composed and performed the music for the movie?

(2) Did the artist compose and perform the music for the play?

(3) Did the artist compose or perform the music for the movie?

ねらい 同じ文でも、新しい情報が何かによって焦点の置かれる語が変わることに気づかせる。

2 生徒をペアにして、絵を1枚ずつ渡します。一人が自分の絵の内容について自由に一文で説明します。もう一人は、内容が同じ場合は同意をし、違う場合は違いについて適切な焦点を使って説明します。 🎤 057

A：There are two people in the room. |

B：The same HERE. | There are two people in MY picture, | TOO. |

B：A woman is playing the guitar. |

A：WELL, | in MY picture, | a woman is playing the piANo. |

A：A cat is sleeping under the CHAIR. |

B：WELL, | in MY picture, | the cat is sleeping ON the chair. |

ねらい 自発的な会話の中で、焦点の置き方について考えさせる。

Q26

英語らしいリズムはどう練習すればよいのか？

授業で英語らしいリズムを身につける練習を取り入れたいと思っています。どのような方法があるでしょうか？

A 英語のリズムを身につけるために、規則的なリズムを持つ文章の発音練習や、強い部分だけ発音する練習から始めてみましょう。

強い音節が等間隔にあらわれる英語のリズム

Q.24で説明したように、英語には「内容語は強く・機能語は弱く」発音するというルールがあります。では、そのルールを守って発音すれば自動的に「英語らしいリズム」になるかというと、そうでもありません。

より「英語らしいリズム」に近づくためには、「内容語は強く・機能語は弱く」というルールに加えて、強勢が等間隔に現れるという「英語のリズム」の基本を学ぶ必要があります。

リズムの一般的な練習の仕方として多いのは、強勢の位置で手を叩いてみたり、机を叩いてみたりする方法です。例えば、次のようなフレーズを使ってみましょう。●や・は、それぞれ音節と一致します。●が強い音節で、・は弱い音節です。強い音節は、下線で示しています。 🎤 058

dogs
●

cats
●

pigs
●

ducks
●

puppies
● ・

kittens
● ・

piglets
● ・

ducklings
● ・

puppies and
● ・ ・

kittens and
● ・ ・

piglets and
● ・ ・

ducklings
● ・

1行目は、強い音節が4つ続きます。2行目は単語が2音節になり、強弱

強弱となります。3行目は and が加わり、強弱弱強弱弱となります。音節の数は 1 → 2 → 3 行目で 4 → 8 → 11 音節と、どんどん増えます。ですが、全体の長さは変わりません。なぜなら、強勢の数が変わらないからです。したがって、この3つのフレーズは、すべて4回手を叩きながら発音できます。

強勢間の弱い音節は、なるべく短く弱く発音し、手を叩くリズムに合うようにコントロールをします。上の例のように、「名詞・名詞・名詞」から、間に and や or などを入れて「名詞 and 名詞 and 名詞」、さらには「名詞 and the 名詞 and the 名詞」など、音節をどんどん増やすのも効果的な練習方法です。1音節の単語を使うと、このような練習問題を簡単に作ることができます。

同じリズムを持つ文を集めてみる

英語は「強勢がほぼ等間隔のリズム」と書きましたが、実際の会話でこのリズムを保つのはなかなか難しいものです。そこでリズムの練習をする際は、まずは素材をよく吟味して生徒に提示することをおすすめします。

一番手っ取り早いのは、もともと規則的でリズミカルな素材を選ぶことです。よい例が、マザーグースに代表されるナーサリー・ライムやジャズ・チャンツです。

ただ、入門期にはそうした素材はぴったりですが、発音の経験をある程度積んだ学習者に、ずっとナーサリー・ライムを使い続けるわけにもいきません。より自然な文を、英語らしいリズムで発音できるようになってもらうためには、次のステップとして「同じリズムの文章を集めて練習する」という方法が効果的です。

次に挙げる短文は、●・●のリズムを持っています。始めに強い部分だけ発音し、後で真ん中の・を加える練習をしてみましょう。 🎤 059

●		●		●	・	●
Brush		teeth.		Brush	my	teeth.
Drink		tea.		Drink	some	tea.
Go		school.		Go	to	school.
Look		this.		Look	at	this.

●	●		●	·	·	●
What	like?	➡	What	do	you	like?
Drink	milk.		Drink	it	with	milk.
Do	this.		Do	it	like	this.
Go	shop.		Go	to	the	shop.

　What do you like? や Go to the shop. は、●・・●というリズムを持っています。このように、同じリズムを持つ文をまとめて発音練習させることで、英語らしいリズムの習得につなげることができます。

どんな文でもリズムの練習はできる

　以上のようなステップを踏んで、「普通の文」を英語らしいリズムで発音する練習をしてみましょう。ただし、普通の文の練習では、あまりリズムに固執する必要はありません。なぜなら、実際にはそれほどリズミカルでない場合もあるからです。

　とはいえ、どんな文でも、基本的には同じようにリズムの練習をすることができます。まずは、練習したい文の中で、強く発音する単語に印をつけてみます。下線を引いても、丸をつけてもよいでしょう。このとき、強勢を持つ単語が、下の例のようにすべて単音節語であれば、一番簡単です。He のように、前に飛び出している弱い音節があるときは、あまり気にせず直前に軽くそえるように発音しましょう。🎤060

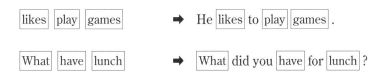

| likes | play | games | | ➡ | He | likes | to | play | games | . |

| What | have | lunch | | ➡ | What | did you | have | for | lunch | ? |

　下の例のように、多音節語がある場合は、やや注意が必要です。🎤061

| in|vit|ed | din|ner | | ➡ | She | in|vit|ed | me | for | din|ner. |

| skipped | break|fast | to|day | | ➡ | I | skipped | my | break|fast | to|day. |

厳密にいうと、等間隔で発音しなければいけないのは、強勢を持つ音節です。invited であれば第2音節の -vit-、dinner であれば第1音節の din- です。ですが、単語から音節だけを取り出して練習するのは非現実的であり、その必要もないように思います。強勢を持つ<u>単語</u>をとりだして等間隔に発音し、そのあと弱音節部分をうめれば十分です。強い音節のところで手を叩いてみることも効果的でしょう。

リズム練習作成のために知っておきたいこと

　上で説明したように、リズムの基礎をつくるのは音節です（→ Q.9）。音節の数がわかれば、●や・を使って文全体のリズムを視覚的に示すこともできます。

Whát did you háve for lúnch?　　She invíted me for dínner.

　●　・　・　●　・　●　　　　　・　・　●・・　・　●・

　繰り返しになりますが、文の中でどの単語が強く発音されるのかという知識も重要です。上の文であれば、疑問詞、動詞、名詞などの語が強勢を持ち、等間隔で発音されることがわかります。内容語と機能語とはそれぞれどのような単語なのか、しっかり把握しておきましょう（→ Q.24）。

ポイント

・リズムの練習では、強い単語を発音するとき手を叩こう
・強勢の間の弱い音節をうめる練習も効果的
・音節の数え方や内容語・機能語の区別をマスターしておけば、どんな文でもリズムの練習は可能

1 2つの箱の中の単語を and でつなげて英語のフレーズをつくりましょう。
（例）give and take

back, bacon, bits, cup, facts, give, heart, loud, night, on, one, pins, plain, skin, spick, trial	bone, clear, day, eggs, error, figures, forth, needles, off, only, pieces, saucer, simple, soul, span, take

ねらい and を弱く、フレーズ全体をリズミカルに発音する練習。イディオムとして使われる表現は意味を確認する。

2 下に挙げる英語の短い文やフレーズの中から、同じリズムを持つものを集めてみましょう。●や•は単語ではなく、音節と対応する点に注意が必要です。🎤 062

● • ●	● • ● •	● • • ●	• ● • ●

Come for dinner.	Give me a chance.	Have some coffee.
I love to dance.	I think it's nice.	It's time for lunch.
I've changed my mind.	My friends are here.	Pass me the salt.
Ready to go.	See you later.	Switch it off.
Thanks again.	That's amazing.	That's enough.
The room is hot.	Wait and see.	What is it for?
What's the matter?	What's the time?	

ねらい 同じ強弱パターンを持つ文やフレーズを、同じリズムで発音する練習。

123

強勢の位置は変わることもある

　英語を発話する際に、内容語は強い強勢を持つ一方、機能語は弱く発音すること（→ Q.24）、強弱が交替で現れるのが英語らしいリズムであること（→ Q.26）については、本文で説明した通りです。しかし、場合によっては強勢が連続してしまうことがあります。

　　The áddress is fiftéen Dáyton Ávenùe.（住所はディトン通り 15 番地です）

　上の例では、fiftéen と Dáyton を本来の語強勢の置き方で発音をすると、-téen と Dáy- で第 1 強勢が連続してしまうのです。そこで、より英語らしいリズムを保つために、-téen の第 1 強勢をすぐ前の音節 fif- に移し、fiftèen のように発音することがあります。すると、次のように比較的自然に感じられる強弱の繰り返しになります。

　　fiftéen Dáyton Ávenùe → fiftèen Dáyton Ávenùe

　このような現象を**強勢移動**（stress shift）と呼びます。強勢移動を起こしやすい語は、「第 2 強勢・第 1 強勢」のパターンを持つ数字（例：sèventéen, èightéen）、形容詞（例：Jàpanése, scientífic）、名詞（例：àfternóon, Mississíppi）です。これらの語が、後に続く名詞を修飾するとき（形容詞の限定用法）に、強勢移動が生じ、「第 1 強勢・第 2 強勢」のパターンに変わります。　🔊 063

　　He is a Jàpanése stúdent. → a Jápanèse stúdent
　　I need some scièntífic évidence. → some scíentìfic évidence

　多くの辞書では、強勢移動を起こしうる形容詞をマークで示しています（→ Q.19）。

Q27

単語をつなげる発音はどう教えるのか？

英語を発音するとき、単語と単語をつなげて発音するのが苦手な生徒が多いのですが、指導のコツはありますか？

A すべてをつなげるのは大変です。特につなげることが大切な「子音＋母音」と、同じ場所を使う「子音＋子音」を重点的に指導しましょう。

リンキング

単語と単語のつながりをできるだけスムーズに発音することを、**リンキング**（linking）といいます。音には母音と子音の2種類があるため、音と音のつなぎ方には、「子音＋母音」「子音＋子音」「母音＋子音」「母音＋母音」の4パターンがあります。どの音の組み合わせも、つなげる必要はあるのですが、すべてを完璧にマスターするのはなかなか困難です。そこでこのQでは、特に取り上げて練習をしたほうがよい音のつながりを紹介します。

まずつなげるべきは「子音＋母音」

まず練習すべきなのが、「子音＋母音」のリンキングです。「子音＋母音」は日本語のカナ文字と同じ構成です。カナ文字のように聞こえるので、日本語母語話者にとっては練習しやすいといえます。例を挙げると、stand up は「スタンダップ」、look out は「ルッカウト」のように発音します。

現在形三人称単数や過去形の接尾辞と、次に続く単語の語頭母音のリンキングも大切です。次の3つを比較してみましょう。🎙 064

rain_all day   rains_all day   rained_all day
ノ   ゾ   ド

接尾辞の子音 /z/ や /d/ は、それ自体は目立ちません。そのため、rains や rained を単独で発音するときは、「－ズ、－ド」と語尾に余計な母音をつけないように気をつけなければいけません。しかし、次に母音ではじまる単語が続く際は、その母音とつなげることで、/z/ や /d/ の音がはっきりと聞こ

えます。接尾辞を正確に発音できているかは、こういうときにわかります。

特に注意すべき「/n/＋母音」

「子音＋母音」のリンキングの中でも、特に気をつけたいのは「語末の /n/＋母音」の連続です。

英語の /n/ は、日本語のナ行音と基本的に同じであるため、特別難しい音ではないのですが、語末の位置で、日本語母語話者はしばしば /n/ を「ん」で置き換えてしまいます。すると run が「ラン」、one が「ワン」といった発音になります。しかし、英語の /n/ は舌先が歯茎にしっかりとつく発音ですから、実は「ん」とは違う発音です。特に以下のような例では、/n/ と母音のリンキングに気をつけて発音しましょう。🎤065

an_artist	○アナーティスト	×アン・アーティスト
run_away	○ラナウェイ	×ラン・アウェイ
in_an_hour	○イナナワー	×イン・アン・アワー
one_of ...	○ワノヴ	×ワン・オヴ

同じ場所を使う「子音＋子音」

「子音＋母音」に比べると、「子音＋子音」のリンキングは難易度が上がります。そこでまず、同じ場所を使う子音が続くところに注目して練習してみましょう。例えば、stop me は、/p/ も /m/ も両唇をしっかりとつける音です。そこで、両唇を閉じたまま、/p/ と /m/ を続けて発音します。good luck は、舌先を歯茎にしっかりとつけたまま、/d/ と /l/ を続けて発音します。こうすることで、語末に余計な母音を挿入することを防ぐこともできます。🎤066

表15　同じ場所を使う「子音＋子音」のリンキング

同じ場所を使う子音	同じ子音・同じ場所を使う子音の連続
/p, b, m/	stop_please, stop_me
/s, z, t, d, n, l/	bus_stop, at_last, sit_down
/k, g, ŋ/	big_girl, big_car, dark_green
/f, v/	half_full, live_far away
/θ, ð/	fourth_theme, breathe_through the nose
/ʃ, ʒ, ʧ, ʤ/	each_child, change_shirts

指導のヒント：発音と聞き取り

　発音が苦手な学習者は、リンキングができずにブツ切りで発音してしまいがちです。

　しかし、一つひとつの単語をはっきりと発音すれば、伝えたい内容は伝わるので、特に非母語話者同士の会話では、必ずしも悪いことではありません。発音するときに、無理にすべての単語をつなげようとして、かえって不自然な発音になることもあります。そのため、発音については、上に紹介したように、つなげるポイントを絞って教えましょう。

　一方、聞き取りとなると、例えば英語のネイティブ・スピーカーと話すときには、リンキングを聞き取る力が必要です。リンキングの影響で、単語の境界ではよく「聞き間違い」が起こるからです。

　例えば、大学生がディクテーションを行うと、I've won a thousand dollars! の won a を wanna、I'm going to ... の going to を go into と書き取ってしまうような間違いをします。でもよく考えると、*I've wanna (=want to) ... や *I'm go into ... という文は文法的に正しくないことに気がつくはずです。聞き取りでは、実は文法力や語彙力の総合的な力が試されているといえます。

　ディクテーションを行って、文法や語彙の知識を生かしながらリンキング部分を聞き取る練習をするとよいでしょう。

▶ ポイント

・「子音＋母音」（特に「/n/ ＋母音」）をまずしっかりつなげよう
・同じ場所を使う「子音＋子音」が次に挑戦すべきリンキング
・リンキングを聞き取れるかは、ディクテーションをしてチェック

1 文を聞き、書き取ってみましょう。 🎤 067

(1) _____

(2) _____

(3) _____

(4) _____

(5) _____

(6) _____

(7) _____

(8) _____

(9) _____

(10) _____

ねらい どの文も「/n/ ＋母音」のつながりを含むため、特にその部分がきちんと聞き取れるか確認する。

2 BOX A と B の単語を使ってフレーズをつくりましょう。

（例）three bottles‿of wine

	BOX A		BOX B
数	bar, bottle cup, glass liter, loaf piece, slice spoonful	OF	advice, baggage, bread cake, chocolate furniture, juice, milk salt, soap, sugar tea, water, wine

ねらい フレーズを発音する際、リンキングがきちんとできているかを確認。不可算名詞の数え方の学習にもなる。

英語の歌を使うことにはどんなねらいがあるのか？

　生徒に楽しんでもらうために、歌を授業に取り入れることがよくあります。音声指導の面で、歌を使うことにどんな効果があるのか知っておきたいです。

　A　歌は音声指導の観点からいえば、①音節感覚をつかめる、②リズムを体感できる、③「音の脱落」や「リンキング」を学べる、といった効果があります。

歌を使うと何がよいのか？

　歌が語学学習で使われる理由はいくつかあります。なかでも最大の理由は、「楽しい」ということでしょう。単に会話や文章を読み上げるよりも、リズムやメロディにのれる歌は、生徒が楽しむことができ、結果として学習のモチベーションを高めることにつながります。また、単に「楽しい」こと以外にも、語彙や文法構造の定着度が上がったり、流暢さが向上したりと、様々なプラスの効果が期待できます。

　では、音声指導という観点から見た場合、歌を使うことにどのような効果があるのでしょうか？　以下では3つの効果を順に見ていきます。

音節感覚をつかめる！

　歌は音節感覚をつかむのに役立ちます。英語の歌は基本的に、一つひとつの音符が音節と一致します。一方、日本語は、一つひとつの音符がモーラ（→ Q.9）と一致します（窪薗, 1999）。

　「幸せなら手をたたこう」という曲があります。「幸せなら手をたたこう」というフレーズは、モーラで数えると11モーラです。（最後の「たたこう」は4モーラですが、「たたこ」というように3モーラにして歌います）。同じ歌の英語版（原曲）だと、歌詞は次のようになります。

♩　♩　♩　♩　♩　♩　♩　♩　♩　♩　♩
し　あ　わ　せ　な　ら　て　を　た　た　こ
If you're happy and you know it, clap your hands

英語版は If you're happy and you know it, clap your hands という歌詞です。これで 11 音節 = 11 音符ということになります。you're, clap, hands なども、それぞれ 1 音節とカウントされます。これを「ユアー」「クラップ」「ハンズ」とカタカナ式に発音していては、とてもとてもスピードに追いつけず、このリズムにのせることはできません。歌ってみましょう。🎤 068

If you're happy and you know it, clap your hands
If you're happy and you know it, clap your hands
If you're happy and you know it, then your face will surely show it
If you're happy and you know it, clap your hands

　歌は、英語の音節の感覚を身につける上で効果的です。メロディが決まっているわけですから、それにのって歌わなければいけません。最初は少しゆっくり始めて、だんだんと速くしてみるとよいでしょう。
　初級レベルの英語授業で使用する歌の多くは、ほとんどが 1 音節語で構成されています。上の例でいうと、2 音節語は happy と surely だけです。音節の説明が最小限で済むというのも、歌を使うメリットです。
　さらに、歌には「繰り返しが多い」という特性があります。上の曲でも同じフレーズが繰り返されています。一つの曲の中で同一のフレーズが何度も出てくるので、語彙の説明が少なくて済みますし、自然と反復練習ができるという効果があります。

リズムを体感できる！

　音節感覚がつかめるだけでなく、歌はリズム感覚をつかむ手助けにもなります。次の例は、「ドレミの歌」です。図 15 の歌詞と楽譜とを比較してみてください。下線部分は、いわゆる強く発音する音節です。

130

図15　ドレミの歌

DO-RE-MI
Lyrics by Oscar Hammerstein II　Music by Richard Rodgers　© 1959 by Richard
Rodgers and Oscar Hammerstein II
Copyright Renewed　WILLIAMSON MUSIC owner of publication and allied rights
throughout the world　International Copyright Secured All Rights Reserved
楽譜の引用元：『鍵盤ハーモニカ　スタンダード100曲選』（村上由紀［監修］、ヤマハミュー
ジックエンタテインメントホールディングス、2017年、p. 33）

　楽譜を見ると、強く発音される音節（doe, deer, fe-, ray, sun, name など）は長
い音符に、弱く発音される音節（a, I など）は短い音符にほぼ対応しているこ
とがわかります。つまり、英語の強勢拍リズムが歌にも反映されているので
す。したがって、リズムとメロディにのって歌を歌うことができれば、英語
のリズムを自然と練習できるわけです（ただし例外もあり、drop of golden は、強
弱強弱のリズムですが、同じ長さの音符に割り当てられています）。

　歌の練習では、文の練習と同じ方法を使うことができます。最初から歌詞
通りに歌うのは難しければ、まずは「強い単語」だけ取り出して歌ってみま
す。そして歌のメロディやリズムに慣れたあとに、「弱い単語」を埋めてい
けば、英語のリズムを段階的に学ぶことができます。

「音の脱落」や「リンキング」を学べる！

　一つひとつの単語を単独で発音するときと、単語をつなげて一つの文章と
して発音するときとでは、発音は異なります。後者の場合、単語の音は、つ
ながって発音されたり、消えてしまったり、別の音に変わったりします。

　次に挙げる例は「赤鼻のトナカイ」の英語版（Rudolph the Red-Nosed Reindeer）
です。

Rudolph the red-nosed reindeer	All of the other reindeer
Had a very shiny nose	Used to laugh and call him names
And if you ever saw it	They never let poor Rudolph
You would even say it glows	Play in any reindeer games

　まずは「音の脱落」を見ましょう。laugh and call の and の /d/ や、red-nosed reindeer というときの -ed は発音しなくてもかまいません（→ Q.24, 37）。

　単語間のつながりであるリンキングはどうでしょうか。Had_a, And_if, All_of などは「子音＋母音」のつながりです。他にも、in_any は「/n/ ＋母音」（→ Q.27）、let_poor は /t＋p/ のつながりです（→ Q.37）。

　歌を歌うときは、お手本と同じように歌いたいと思うものです。自分が好きな歌手の歌、気に入った歌ならなおさらでしょう。歌手の歌い方を真似しながら歌うことで、音の脱落やリンキングといったやや高度な発音も、自然と身につけることができます。

　以上のように、歌には様々な効果があります。音節やリズムなど、英語の特徴をつかむには最良の教材といえます。音声指導には積極的に取り入れていきましょう。

ポイント

・歌で英語の「音節感覚」をつかむことができる
・歌で英語の「リズム」を自然と身につけることができる
・歌は英語の「音の脱落」や「リンキング」を学ぶのにも使える

Q29

単語の発音はどう教えるのか？

単語の発音を教える際、どこから取りかかればよいのでしょうか？　また、何に気をつけて指導すればよいのでしょうか？

A 英単語の音声には、「強勢」「子音」「母音」という 3 つの要素があります。指導の際には、日本語との類似点と相違点に着目するのが大切です。Q.30 以降で、重要な項目に絞って取り上げています。

英単語の音声の 3 要素

単語の発音は、「強勢」「子音」「母音」の 3 つの要素から成ります。Q.30 〜41 では、この 3 要素について、指導のポイントも含めて解説しています。

この Q では、Q.30 以降で扱う内容の全体像を示します。子音と母音は数が多いので、全体像を確認してから個々の Q を読むとよいでしょう。

英語の強勢

1 音節語は必ず語強勢を持ちます（例：cáke, trée）。2 音節語では、どちらかの音節が語強勢を持ちます（例：pár·ty, Chríst·mas）。3 音節以上の語は、第 1 強勢に加えて第 2 強勢を持つこともあります（例：Hàl·low·éen）。Q.30 では、語強勢の位置を知るコツについて説明しています。

語強勢の発音に自信がある生徒には、より自然な発話となるように「単語以上・文未満」の連続にも注意を払って指導をしてみましょう。句の強勢は、句強勢 ＿´ ＿´（例：Chrístmas párty）と複合語強勢 ＿´ ＿`（例：Chrístmas càke）いずれかのパターンになります（→コラム④）。

また、強勢が ＿` ＿´ の語は、第 1 強勢の連続を避けて、＿´ ＿` のように強勢移動することがあります（例：Hàl·low·éen pár·ty → Hál·low·een pár·ty）（→コラム③）。

英語の子音

英語には子音が 24 個あり、VPM によって分類可能です（→ Q.11, 13）。本

書では、学習する優先度が高く、日本語母語話者にとって発音の区別がしづらい子音について、Q.31〜Q.37 を中心に取り上げています。それ以外の子音についても、各所で取り上げています。

表16　英語の子音音素と例語

音素：例語	参照 Q	音素：例語	参照 Q
【閉鎖音】		【破擦音】	
/p/：pan	**37**	/tʃ/：change	下の説明
/t/：ten	2, **37**, 42	/ʤ/：joy	17
/k/：key	17, **37**	【鼻音】	
/b/：best	**31**, 37	/m/：moon	下の説明
/d/：dog	37, 42	/n/：no	27
/g/：goose	17, 37	/ŋ/：sing	11
【摩擦音】		【側面音】	
/f/：food	**36**	/l/：light, apple	**32, 33**
/v/：vest	**31**	【接近音】	
/θ/：think	17, **34**	/w/：wind	下の説明
/ð/：the	17, 34	/r/：right	**32**
/s/：sea	17, **34, 35**, 42	/j/：yes	下の説明
/z/：zoo	42		
/ʃ/：she	**35**		
/ʒ/：rouge	下の説明		
/h/：hood	**36**		

- /ʒ/：「ジ」と発音すればよい。語頭には現れず、語末では beige など少数のフランス語起源の語に現れる。invasion, measure など語中に多い。
- /tʃ/：唇を丸めながら「チュ」と発音する。
- /m/：日本語のマ行と同一の発音。両唇を閉じながら鼻から呼気を通す。
- /w/：唇を丸めた「ワ」の子音。/ʊ, u:/ が後続のとき特に注意（例：wood, wound）。woman の語頭の /w/ を落として「ウーマン」のように発音しない。
- /j/：ヤ行の子音と同じ。/ɪ, i:/ が後続のとき特に注意（例：year, yield）。語頭に /j/ のある year と /j/ のない ear は異なる発音。

英語の母音

　英語には母音が24個あり、音色・長さ・語強勢の有無により分類されます（→ Q.12）。本書では、学習する優先度の高い母音について、Q.38〜Q.41を中心に解説し、それ以外の母音も各所で取り上げています。

表17　英語の母音音素と例語

音素：例語	参照 Q	音素：例語	参照 Q
【短母音】		【二重母音】	
/ɪ/：b<u>i</u>t	17, **38**	/eɪ/：m<u>a</u>ke	17
/e/：p<u>e</u>t	17	/aɪ/：l<u>i</u>ke	17
/æ/：h<u>a</u>t	2, 17, 19, **39**	/ɔɪ/：b<u>oy</u>	下の説明
/ɑ/：h<u>o</u>t	17, **39**	/aʊ/：c<u>ow</u>	17
/ʌ/：h<u>u</u>t	17, 33, **39**	/oʊ/：l<u>ow</u>	17, **41**
/ʊ/：b<u>oo</u>k	17	/ɪɚ/：h<u>ere</u>	2, 17
【長母音】		/eɚ/：h<u>air</u>	2, 17
/i:/：b<u>ea</u>t	2, 19, 17, **38**	/ɑɚ/：f<u>arm</u>	2, 17, 18, 39, **40**
/ɑ:/：f<u>a</u>ther	39	/ɔɚ/：c<u>ore</u>	2, 17, 18
/ɔ:/：l<u>aw</u>	40, **41**	/ʊɚ/：p<u>oor</u>	2
/u:/：f<u>oo</u>d	17	【弱母音】	
/ɚ:/：f<u>ir</u>m	2, 18, 39, **40**	/i/：happ<u>y</u>	24
		/ə/：<u>a</u>bout	10, 24
		/ɚ/：s<u>ur</u>prise	24

・/ɔɪ/：少し口を開いた「オ」のあと、軽く「イ」と「エ」の中間の音を添える。

　Q.31〜Q.41では、英語の母音・子音の、日本語との類似点や相違点を指摘した上で、効果的な指導法やヒントを説明していきます。

◀┃ ポイント

・語強勢（第1・第2強勢）は必ず指導、可能なら句・複合語強勢も
・子音と母音は、優先度の高い音を中心に教えよう
・子音や母音は、日本語との類似点と相違点に着目しながら指導

Q30

語強勢の位置を知るコツはあるのか？

　生徒の発音を聞いていると、語強勢の位置を間違えていることが多いのが気になります。強勢の位置を教える効果的な方法はないでしょうか？

A　語強勢には大まかなルールがあり、単語の尻尾部分（接尾辞）を見れば強勢位置が推測できます。生徒の強勢の発音が気になったら、このルールを教えると効果的です。

なぜ英語の強勢の位置はわかりにくいのか

　なぜ英語の強勢の位置はわかりにくいのでしょうか？　英語以外の外国語を見ると、ポーランド語は「後ろから2つ目の音節」、ドイツ語は「原則として第1音節」というふうに、強勢の位置がほぼ決まっている言語もあります。それらと比べると、英語の強勢は位置が安定しておらず、不規則なイメージがあります。

　こうした不規則さは、英語ということばの歴史に由来しています。英語はドイツ語や北欧の言語（ノルウェー語・スウェーデン語・デンマーク語）と祖先が同じ、ゲルマン系の言語です。ゲルマン系言語では、「第1音節に強勢がくる」のが原則でした。実際、昔の英語では、第1音節に強勢があったのです。

　ところが、11世紀にノルマン人によるイングランドの征服があって以降、フランス語起源の語彙が数多く英語へ流入してきました。さらに、宗教上・学術上の用語として、ラテン語やギリシャ語からもおびただしい数の借用語が英語へと入ってきました。

　ラテン語やフランス語などのロマンス系の言語では、ゲルマン系言語とは異なり、「後方の音節に強勢がくる」が原則です（堀田, 2016）。このような強勢規則をベースに持つ言語の影響により、英語の語彙は様々な位置に強勢を持つに至りました。

英語は「第1音節に強勢がくる」のが原則

　上の説明でわかる通り、英語はもともと「第1音節に強勢がくる」言語で

す。より正確に言うと、語根（接頭辞や接尾辞を除いた単語の中核的な部分）の第1音節に強勢が置かれる、ということです。これはゲルマン系由来の語彙には今も当てはまるので、覚えておくに足る規則です。ゲルマン系の語の数は、英語の語彙全体の約 30% と決して多くはないものの、使用頻度が高い 1,000 語のうち、実に 83% を占めると言われています（例：fínger, Súnday, néver）(Celce-Murcia et al., 2010)。

実は、外来語の中にも、この「第1音節に強勢がくる」という英語本来のルールに合うように強勢が変わった語があります。強勢の「英語化」ですね。例えば、スペイン語の chocoláte は、英語では chócolate になりました。他にも、強勢の変化した語として、music, foreign, manage などがあります。

一般的に、英語に取り込まれて時間が経った語ほど、英語化した強勢を持っていると言われています。また、アメリカ発音とイギリス発音を比べると、イギリス発音のほうが前方に強勢を置くようになる、すなわち英語化する傾向が強いと言われます。🎤 069

表 18　アメリカ発音とイギリス発音で強勢の位置が違う語の例

	garage	cafe	debut
アメリカ発音	/gərɑ́ːʒ/	/kæféɪ/	/deɪbjú:/
イギリス発音	/gǽrɪʤ/	/kǽfeɪ/	/déɪbju:/

長い単語の強勢は単語の「尻尾」に注目

特定の接尾辞を持った単語の強勢には、一定のタイプがあります。以下は、接尾辞ごとの3つのタイプです。

　　タイプ1：自身が強勢を持つ接尾辞（例：Jàpanése, èmployée）
　　タイプ2：強勢の位置を決める接尾辞（例：mágic, récognize）
　　タイプ3：強勢に影響を与えない接尾辞（例：lúckily, háppiness）

タイプ1の接尾辞は、それ自体に第1強勢が来ます。また、その2つ前の音節に第2強勢がくるのが普通です。

タイプ2の接尾辞には、その1つ前の音節に第1強勢がくるもの（-ic, -ian, -ion, -ity）と、その2つ前の音節に第1強勢が来て、それ自体は第2強勢を

実践編

単語レベルの発音

137

持つもの（-ate, -fy, -ize）があります。接尾辞によって強勢のパターンが決まるので、同じ語根を持つ語でも、接尾辞の違いで強勢の位置も変わることになります。🎤070

ác·tion	ac·tív·ity	ác·ti·vàte
àu·to·mát·ic	i·màg·i·ná·tion	èc·cen·tríc·ity

　興味深いのは、（前からではなく）後ろから数えて1つ目、2つ目、という数え方をすることです。そして、英語は強い強勢を持つ音節とそうではない音節が交互に現れる傾向のある言語なので（→ Q.10）、音節の数が多い語では、第1強勢を持つ2つ前の音節に第2強勢がくるのが一般的です。

　タイプ3の接尾辞は、前述のタイプ1, 2の接尾辞とは異なり、語根にいくらついても強勢の位置には影響を与えません。🎤071

hú·mor	hú·mor·less	hú·mor·less·ly	hú·mor·less·ness

以上をまとめると、次のようになります。🎤072

表19　3つのタイプの接尾辞と強勢の位置

タイプ1：自身が強勢を持つ接尾辞
-ée: examinee, guarantee, trainee
-éer: pioneer, profiteer, volunteer
-ése: Chinese, Portuguese, Vietnamese
-ólogy: apology, biology, technology
-ómeter: kilometer, speedometer, thermometer
タイプ2：強勢の位置を決める接尾辞
《その1つ前の音節に第1強勢がくるもの》
-ic: automatic, enthusiastic, ethnic
-ity: ability, publicity, eccentricity
-eous, -ious, -uous: courageous, mysterious, religious, ridiculous
-ian, -ion: beautician, politician, confusion, creation, imagination, resolution
-ial, -ual: financial, presidential, bilingual, individual, intellectual, ritual

《その2つ前の音節に第1強勢、自身は第2強勢を持つもの》

-àte（動詞の場合）: anticipate, communicate, operate

-fỳ: justify, identify, satisfy, simplify

-gràph: photograph, telegraph

-ìze: socialize, specialize, maximize

-ìte: appetite, dynamite, satellite

-tùde: attitude, latitude, magnitude

タイプ3：強勢に影響を与えない接尾辞

-able: advisable, negotiable, reasonable

-al: conditional, national, professional

-er, -or: employer, interpreter, supervisor

-ly: appropriately, fortunately

-ment: establishment, improvement

-ness: calmness, kindness, loneliness

このようなパターンから、なぜ「エンジニア」（èn·gin·éer）、「ミュージシャン」（mu·síc·ian）、「ディベロップメント」（de·vél·op·ment）などといった発音にはならないかを説明できるでしょう。

上のルールを知っていれば、新しい単語に遭遇したときでも、辞書を引くことなく正しい強勢にたどり着ける可能性が高くなります。さらに、同じ語根を持つ単語でも、第1強勢の位置が異なる理由がわかるようになります（例：áction, actívity）。

なお、強勢の位置が変わると、母音の音色も変わるので注意しましょう。

magic /mǽʤɪk/ → magician /məʤíʃən/
able /éɪbl/ → ability /əbílɪti/

上のルールはほとんどの語に適用できますが、例外も残念ながらあります。高校生が知っておくとよい例外を挙げておきます。🎤 073

Árabic（*Arábic）　　　　cháracterìze（*charácterìze）

commíttee（*còmmittée）　náturalìze（*natúralìze）

pólitics（*polítics）　　　télevision（*tèlevísion）

　接尾辞とは対照的に、接頭辞は強勢の位置に影響しません。例えば、sócial に接頭辞の ànti- がついても、強勢の位置は変わりません。🎤074

ànti-：àntisócial, àntivírus, àntibiótics　　cò-：còóperate, còíncidence, còexíst
ùn-：ùnlóck, ùndó, ùnzíp　　　　　　　　　rè-：rèhéat, rèbuíld, rècýcle
mìs-：mìsunderstánd, mìscónduct　　　　　en-：enlárge, enrích, enróll

強勢の置き方で品詞が変わることもある

　同じ語でも、強勢の位置で品詞が変わることがあります。🎤075

The factory <u>produces</u> silk fabrics and garments. 動詞：prodúce（生産する）
Demand for organic <u>produce</u> keeps growing.　　名詞：próduce（農産物）

suspéct（疑う）/ súspect（容疑者）　　　permít（許可する）/ pérmit（許可証）
refúse（拒否する）/ réfuse（ごみ）　　　contráct（契約する）/ cóntract（契約）
objéct（反対する）/ óbject（目的）　　　condúct（指揮する）/ cónduct（ふるまい）
táke óff（離陸する）/ tákeòff（離陸）　　rún awáy（逃げる）/ rúnawày（逃亡者）

　以上の説明の通り、語強勢が置かれる位置にはルールがあるので、それを知っていれば、強勢の位置を推測する手がかりになります。生徒が強勢の発音でミスをしたときなどに、このルールを指導できると効果的です。

◀ ポイント

・英語はもともと「第1音節に強勢がくる」言語
・強勢の位置は、接尾辞のタイプで推測可能
・同じ語でも強勢の位置で品詞が変わることがある

指導アイディア

1 次の語はそれぞれどのような強勢を持つか、接尾辞のタイプに着目しつつ発音してみましょう。 🎤 076

apology – apologetic – apologize
philosophy – philosopher – philosophic – philosophical
negotiate – negotiation – negotiability – negotiator

ねらい 接尾辞と強勢の位置との関係に気づかせる。

2 次の語を以下の文に合う形に変えて入れ、発音してみましょう。接尾辞に下線の引かれた語の発音にも注意しましょう。 🎤 077

（1）justify
    a. Restric<u>tion</u> of immigra<u>tion</u> is not (　　) by any means.
    b. There is no (　　) for the delay of pay<u>ment</u>.
（2）electric
    a. The village was isol<u>ated</u> and did not have (　　).
    b. I have to call an (　　) to fix the air conditio<u>ner</u>.
（3）public
    a. He has never talked about the incident (　　).
    d. The new law should be well (　　) ahead of time.
（4）object
    a. The majori<u>ty</u> of the people have (　　) to erecting the ugly (　　).
    b. No one had any (　　) to the proposal.
（5）addict
    a. Weight problems are typical<u>ly</u> caused by an (　　) to sugar.
    b. I am a junk food (　　) and cannot live a single day without it.

ねらい 品詞によって接尾辞が変わり、さらに強勢の位置も変わることに気づかせる。

語が2つ以上続いたときの強勢はどうなる？

複合語は2つ以上の語が結びついて、単独の名詞や形容詞などとして機能する語です。3つの形式があります。

(a) bookshelf（本棚）、flashlight（懐中電灯）
(b) easy-going（呑気な）、T-shirt（Tシャツ）
(c) finish line（ゴールライン）、chocolate cake（チョコレートケーキ）

(a) のように第1要素と第2要素がくっついているもの、(b) のようにハイフンでつながれているもの、(c) のように離れているものがあります。
　強勢のパターンは、第1要素のほうが第2要素よりも強く発音される場合と、第2要素のほうが強く発音される場合があります。名詞になる場合は、前者が多い傾向があります。 🔊 078

 ＿＿＿ ′ ＼ ＿＿＿ ：bookshelf, flashlight, T-shirt, finish line
 ＿＿＿ ′ ＿＿＿ ′ ：easy-going, chocolate cake, social media

　複合語は、句とは異なる強勢パターンを持ちうることに注意が必要です。句強勢は、第1・第2要素ともに第1強勢をとりますが、第2要素のほうがより強く発音されます。 🔊 079

複合語：swímming pòol（プール）
句：swímming bóy（現在分詞＋名詞：泳いでいる男の子）

　複合語や句が重なった場合、さらに複雑な強勢パターンを持つこともありえます。

a gréenhòuse（温室）
a néw gréenhòuse（新しい温室）
gréenhouse effèct（温室効果）
néw gréenhouse effèct regulátions（新しい温室効果の規制）

Q31

/b/-/v/：Best-Vest の違いはどう教えるのか？

/b/ と /v/ はカタカナで「バ」「ヴァ」のように書き分けることができる音というふうに認識していますが、そう教えてよいのでしょうか？

A カタカナによる「バ」「ヴァ」の表記には、実際には揺れがあるため注意が必要です。英語では原則として /b/ は 〈b〉、/v/ は 〈v〉 でつづられ、唇の使い方に違いがあります。/v/ は /f/ と同じ唇の使い方をします。

英語と日本語の違い

/b/ と /v/ は、英語の音としては全く別の音です。例えば ban「禁止（する）」と van「(乗り物の) バン」のように、/b/ と /v/ の違いで意味が変わってしまう語があるので、この 2 音を発音し分けられるかどうかは重要です。

/b/ と /v/ はカタカナの書き分けが可能で、それぞれ「バ」「ヴァ」に対応します。一見、視覚的に区別できているように見えますが、/v/ のカタカナ表記には揺れが見られるため、話はそう単純ではありません（例：violin バイオリン／ヴァイオリン）。

さらに、/b/ と /v/ をカタカナで区別していても、それが必ずしも発音の区別にはつながりません。日本語には /v/ の音がなく、バ行も「ヴァ行」も日本語の /b/ の音で発音することが多いからです。

発音の仕方

/b/ は日本語のバ行同様、両唇を一度閉じてから開放すると出る音です。それに対して /v/ は、上の歯を下唇に軽く触れた状態で息を吐き出すときに出てくる息漏れの音です。両方とも唇付近で音が作られるものの、前者は開放時に出される瞬間的な音であるのに対して、後者は息を吐き出している限り聞こえる持続的な音です。2 つの音のつくり方はだいぶ違うことに注意しましょう。🎙 080

143

best – vest　　　boat – vote
table　rabbit　event　divide
job　tube　move　serve

/b/　　　　　　　　　　　　　　/v/

図16　/b/, /v/ の唇の形

　/b/-/v/ の発音を指導するに当たっては、カタカナ表記に惑わされることなく、口、特に唇のかまえに注意することが大切です。

　幸い、2つの音はいずれも口元で発音されるので視覚的にわかりやすい上、唇や歯の使い方に注意すれば、それほど難しくありません。

　/b/ は、語中にある場合でも、丁寧に両唇を閉じることを意識しましょう（例：rabbit, neighbor）。日本語の /b/ は、砂漠（さばく）、扉（とびら）、歌舞伎（かぶき）のように、語中に出てくると、しばしばぞんざいに発音され、唇の閉じ方が甘くなって本来の /b/ とは異なる音になりがちです。英語の /b/ を発音するときは、常に両唇を閉じることを意識させてください。

　/b/ と /v/ は、語末にくる場合には注意が必要です（例：job, cube, move, love）。唇が関与している音であるため、日本語の弱い ［u］ のような音が入ってしまいがちだからです。はっきり発音しようとは意識せず、/b/ もしくは /v/ の口のかまえをした状態で、ごく弱く発音すれば十分です。

ポイント

	/b/	/v/
発音する場所	両唇	上の前歯と下唇
発音の方法	閉じてから開放 （開放しないときもある）	わずかな隙間から息を通す
代表的つづり字	〈b〉	〈v〉

・/b/ は語中では両唇を丁寧に閉じよう
・/b/, /v/ ともに、語末では口のかまえをした状態でごく弱く発音

144

指導アイディア

1 文を聞き、/b/-/v/ の音と意味に気をつけながら、聞こえた単語に○を
つけます。縦横斜めのどれかが 4 つ並んだら、"Bingo!" と言いましょう。

パターン 1

best	very	vet	base
vest	berry	bet	vase
boat	V	curve	curb
vote	B	habit	have it

パターン 2

vet	bet	vase	base
vote	boat	V	B
curb	curve	habit	have it
best	vest	berry	very

・We rode a <u>boat</u> to the island.
・Regular excercise is a good <u>habit</u>.
・The player hit and ran to first <u>base</u>.
・"Basket" starts with the letter <u>B</u>.
・The bus was parked at the <u>curb</u>.
・She picked a <u>berry</u> from the tree.
・I lost the <u>bet</u> on the game.
・She won the <u>best</u> actress award.

・Don't forget to <u>vote</u>.
・You can <u>have it</u>.
・Sorry Mom, I dropped the <u>vase</u>.
・"Vampire" starts with the letter <u>V</u>.
・The car took a sharp <u>curve</u>.
・The children were <u>very</u> hungry.
・He took the sick dog to the <u>vet</u>.
・I bought a cute <u>vest</u> for my dog.

※上の文をランダムに読み上げてください。

ねらい /b/ と /v/ の音の区別で単語の意味が変わることに注目させる。

2 次のカタカナ語のうち、英語で /v/ を含んでいるものを選んで○をつけ、
英語でつづって発音してみましょう。 🎤 081

バーゲン、サバイバル、バイキング、バリュー、ビーナス、ビジュアル、
ビルディング、サービス、ブザー、トラブル、ベンチ、トラベル、
ボーカル、ボーナス、ボリューム、ボイス、ボルト

ねらい バ行のカタカナで示される表記が、英語では /b/ と /v/ のいずれ
かになることに気づかせる。

Q32

/l/-/r/：Light-Right の違いはどう教えるのか？

　生徒は /l/-/r/ の区別が苦手です。light と right を区別して発音できず、聞き取れないことも多いです。指導のポイントはありますか？

A　/l/-/r/ の発音は、/l/ では舌先が上あごに触れるのに対し、/r/ では触れないのがポイントです。ただし /l/-/r/ は、発音の区別は十分に指導可能ですが、聞き取りの区別まで完璧にできるようにするのは至難の技です。

英語と日本語の違い

　まず、大切なのは、英語の /l/ と /r/ はいずれも、日本語のラ行とは全くの別物であるということです。したがって、新出単語を教える際に、生徒が「パラレル」「レギュラー」「ライブラリー」のようなカタカナの音に置き換えて漠然と覚えてしまうことのないようにしましょう。

　/l/ は必ず〈l〉、/r/ は必ず〈r〉でつづられます。parallel, regular, library と繰り返し書くなどしてスペリングごと頭に叩き込み、違いを確実に覚えさせましょう。また、発音練習では、単語のスペリングを意識させながら発音させると効果的です。

　次に、ラ行、/l/, /r/ の 3 つの音のつくり方を比べてみましょう。

　まず、日本語のラ行（ラ・リ・ル・レ・ロ）を一つずつゆっくりと発音してみてください。発音の仕方にはバリエーションがありますが、いずれの場合も舌先が上あごに軽く触れるでしょう。上あごに瞬間的に触れ、叩（はた）くようになることが多いかと思います。

　/l/, /r/ の場合はどうでしょうか。図 17 を見るとわかる通り、/l/ は舌先が歯茎にしっかりと触れているのに対し、/r/ は舌のどの部分も上あごに触れていません。加えて、図 18 にあるように、/r/ では唇を少し丸めて発音します。

　日本語のラ行音は、舌先が上あごに触れるという点では、英語の /l/ に似ていることがわかります。どこが異なるかは以下で解説します。

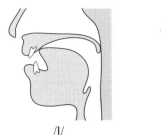
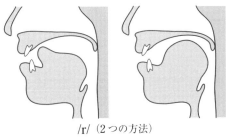

/l/ /r/（2つの方法）

図17 /l/ と /r/ の発音

/l/ /r/

図18 /l/ と /r/ の唇の形

※ /r/ の発音には、舌先を反らす方法（図17 /r/ の左）と舌の後ろを盛り上げる方法（右）の2種類があり、どちらでも /r/ の音色になります。

発音の仕方

/l/ の発音

日本語のラ行音と比較しながら説明するとよいでしょう。

【Step 1】まず、日本語のラ行（ラ・リ・ル・レ・ロ）を一つずつゆっくりと発音してみましょう。

【Step 2】次に、英語の /l/ を発音してみましょう。ラ行と同じ位置に舌先を置き、ラ行の発音のように叩かずに、舌先は歯茎にしっかりと触れたまま、長めに音を出します。これが英語の /l/ です。

舌先の当たり方に注意しながら、日本語のラ行音と英語の /l/ を発音して比べてみましょう。 🎤 082

/r/ の発音

どうすれば舌先を上あごに触れずに発音できるでしょうか。

【Step 1】口をごく軽く、ポカンと開けるようにして、声を出してみましょう。「イ」とも「ア」とも「ウ」ともつかない曖昧な音が聞こえるでしょう。

【Step 2】曖昧な音を出したまま、唇を少し丸めながら舌全体を後ろに引い

147

てみましょう。舌先は反り上げてもよいですが、決して上あごにつかないように注意します。すると、「ウー」という音に /r/ の音色が加わった音が出るはずです。

【Step 3】この唸ったような音を出したまま、口を徐々に開いて母音を発音しましょう。このとき、決して舌先が上あごにつかないように注意します。

日本語のラ行音と英語の /r/ を発音してみましょう。🎤083

子音＋ /l/, 子音＋ /r/ の発音

/l/-/r/ は、play-pray, glass-grass のように、語頭の２つ以上続く子音の一部として現れることもあります。この場合は、直前の子音を発音する段階で、次の /l/ または /r/ を意識して、口のかまえを準備しましょう。

例えば、play を発音する際には、/p/ を発音する段階で舌先を歯茎にあてておく準備を、pray の場合は、/p/ の段階で口を丸めて /r/ の音を発音する準備をします。こうすることによって、/p/ と /l/、/p/ と /r/ の間に余計な母音を挿入して「プレイ」のような発音になるのを予防できます。図 19 の口の形も参考にしてください。

/pl-/   /pr/

図 19　**/pl-, pr-/ 発音時の唇の形**

以上を踏まえて、/l/-/r/ を含む語を発音しましょう。🎤084

light – right	lead – read	long – wrong
alive – arrive	collect – correct	pilot – pirate
play – pray	glass – grass	fly – fry

指導のヒント

/l/ なのか /r/ なのかをはっきり認識させる

発音の仕方を教えたら、次に必要なのは、/l/ と /r/ の区別を明確に意識し

て発音させることです。そのためには、上でも述べたように、スペリングを意識させることがポイントです。例えば parallel とか line という語の場合、その単語を見て「『並行の』という意味だな」とか「日本語でラインと言うことがあるな」と理解できる passive knowledge（字を見て意味がわかる受け身的な知識）では不十分です。そうではなく、スペリングも含めて発音を覚えてしまい、active knowledge（自発的にアウトプットできる知識）にするのです。そうすれば、例えば「並行線」と英語で言う必要が出た場合、スペリングを思い浮かべつつ、スムーズに a parallel line という発音が口をついて出てくるはずです（早口ことばのようで少し発音しにくいかもしれませんが）。

「聞き取り」は必ずしも完璧を目指す必要はない

　以上のように指導すれば、/l/ と /r/ の発音の区別は身につくはずです。ただし、発音はできるようになっても、聞き取りまで完全にできるようになるのは難しいと考えてください。授業で訓練をした程度では、/l/-/r/ の聞き取りを完璧にできるようになる人はまずいません。実際、ある実験で、lead-read, glass-grass, collect-correct といった音声を提示して、/l/-/r/ の音声的な違いだけに意識を集中させる聞き取り訓練を一定期間行っても、使った労力の割には精度が高まらなかったという結果があります（Takagi, 2002）。

　/l/-/r/ の違いだけに集中できる環境でさえ、完璧に聞き分けることが難しいのであれば、実際の会話において /l/-/r/ を完璧に聞き分けるのは至難の業でしょう。以上のことから、/l/-/r/ の区別は大切ではあるものの、聞き取りに関してはあまり固執する意味はないといえます。

　とはいえ、聞き取りが完璧にできなくともそれほど心配する必要はありません。聞き取りでは、音以外の要素である文法やコンテクストから、/l/-/r/ のどちらの発音だったかを判断すればよいからです。

　例えば、あなたが英語母語話者の友達とハンバーガー・ショップに入ったとします。「フライドポテトって美味しいよね！」というつもりで "I love French flies!" と誤って言ってしまうと、相手には「フランスのハエって美味しいよね！」と聞こえるので、ギョッとさせることになります。相手を困惑させないためには、fly と fry の発音の区別はきちんとできていたほうがよいのです（ちなみに、/l/-/r/ が苦手な人は French の /r/ の発音にも問題があるでしょうが、幸い、Flench という単語は一般的ではないので、/l/ になったとしても、コミュニ

149

ケーションに影響はないはずです）。

　でも、あなたが反対に聞き手の立場にいるとして、"I love French フライ
ズ!" というような発言を聞いたとします。flies-fries のどちらを言われたの
かが音だけでは判断できなくても、このコンテクストなら French fries と
言っているんだなと判断できますね。このように、聞き取りの際にはコンテ
クストや文法の助けを借りればよいわけで、聞き分けられないからといって
落ち込む必要はないのです。

◀┤ ポイント

	/l/	/r/
発音する場所	「ラ」行と同じ位置に舌先	舌先を上あごにつけない
発音の方法	舌先が接触した状態を 少し保って発音	口を軽く開け、唇を丸め、 舌全体を後ろに引いて発音
代表的つづり字	⟨l⟩	⟨r⟩

・子音＋/l, r/ では、子音を発音する段階で /l/ や /r/ の口のかまえを準備
・/l, r/ を含む単語はスペリングごと覚えてしまおう
・聞き取りはコンテクスト等を手がかりに、完璧でなくても気にしない

指導アイディア

1 次のフレーズを、/l/ と /r/ に注意しながら、最初はゆっくりと、徐々に自然なスピードにして発音してみましょう。 🎤 085

rock climbing	vocabulary list	brilliant celebrities
solitary stroll	irrelevant problem	literally wrong
thrilling roller coaster	low-calorie drinks	really strange lyrics

ねらい /l/ と /r/ をラ行に置き換えることなく正確に発音する。それぞれが、つづり字〈l〉と〈r〉と対応することも確認。

2 聞こえてくる語句の中に、/l/ の音が入っていたら左手（left hand）を、/r/ の音が入っていたら右手（right hand）を挙げてください（例：blueberry は /l/ と /r/ の両方があるため、両手をあげる）。 🎤 086

（録音）

lemon, strike, tray, Cinderella, umbrella, Harry Potter, rotary,
recipe, art gallery, grapefruit, salad, vanilla, relay, gorilla,
elephant, The Olympics

ねらい /l/ と /r/ の聞き取りや区別には、つづり字を活用するとよいことに気づかせる。

Q33

様々な/l/：Apple は「アポー」と教えてよいのか？

英語の /l/ は、単語の位置によっては「ウー」や「オー」のような音に聞こえます。こうした L の発音はどのように教えるのがよいでしょうか？

A /l/ には「明るい L」と「暗い L」の 2 種類の発音があります。両者を発音し分けるように指導しましょう。「暗い L」は簡易的な発音を教えても構いません。

英語と日本語の違い

Q.32 で /l/ の発音の仕方を解説しましたが、実は /l/ には、「ウー」や「オー」のように聞こえる発音となる場合があります。例えば apple は、「アップル」ではなく「アポー」のように聞こえます。

apple だけではありません。英語母語話者が "Cool!"（カッコいい！）と言うと、「クール」ではなく「クゥォゥ」のように聞こえます。"It's awful / unbelievable / incredible!"（ひどい／信じられない／すごい）なども「オーフォー」「アンビリーバボー」「インクレディボー」のようになり、/l/ の音に期待するラ行のような音は聞こえません。

このように、英語の /l/ は、「ラ行」に近い音色とは違う、別の音色も持っています。前者の音は明るい響きを持つので「明るい L」と呼ばれ、後者は暗い響きを持つので「暗い L」と呼ばれます。英語らしい発音を身につけるには、「明るい L」に加えて「暗い L」も発音できる必要があります。

それでは、この 2 つの音はどのように使い分ければよいのでしょうか。まず、それぞれの音が現れる語を例示してみましょう。 📢 087

明るい L：light, long, lead, lose, late; clean, play, slip, close
暗い L 　：apple, cool, sale, meal; milk, help, golf, salt, mild

明るい L になる /l/ の後には母音が続いているのに対し、暗い L になる /l/ の後には母音がなく、/l/ で単語が終わるか、もしくは別の子音が続いてい

ます。このように、/l/ は後に母音が続くか続かないかで、「明るい L」と「暗い L」の 2 つの異音を持つのです（→ Q.14）。

発音の仕方

だいぶ異なる響きを持つ「明るい L」と「暗い L」ですが、口のかまえは基本的に同じです。

【Step 1】まず、日本語のラ行を発音するつもりで、舌先を歯茎に触れさせます。

【Step 2】舌先はしっかりと触れて離さずに「アー」と言ってみましょう。これが明るい L です。

【Step 3】触れている舌先を離さないようにしながら、同時に「ウー」と言ってみましょう。すると、自然と舌の後ろ側が少し上がった状態になります。この発音が暗い L です。

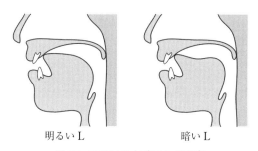

明るい L　　　　暗い L

図20　明るい L と暗い L の発音

前のページの音声をもう一度聞いて、発音してみましょう。

指導のヒント

暗い L の発音は、舌先を歯茎につけたまま「ウ」の音を出すのですが、これはなかなか簡単なことではありません。注意が十分に払える練習時はまだしも、普通の会話の中で、舌先の位置に注意して丁寧に発音するような余裕は、学習者にはないでしょう。

そこで、舌先のことはいったん脇に置いて、「ウ」や「オ」の発音のみする、というふうに指導するのも一案です。多少、発音に拙さがあるように聞

153

こえる可能性はありますが、通じないということはないはずです。

　実際、英語母語話者でも「ウ」や「オ」のように発音している人はいます。「アップル」よりは「アポー」、「クール」よりは「クーォウ」のほうが相手には伝わります。簡易的な発音で構わないので、暗い L は教えるようにしましょう。

ポイント

	明るい L	暗い L
発音する場所・方法	舌先を接触させた状態で時間をかけて「ラ」を発音	
		同時に「ウー」と言う
現れる場所	母音が後続するとき	母音が後続しないとき

・暗い L では、舌先が離れてしまっても OK

1 英語を聞いて書き取ってみましょう。🎤 088

(1) You can set up a solar (　　) system at home.
(2) Taking care of twins can be (　　) (　　).
(3) The time (　　) buried by the 10-year-olds contained messages to
　　 (　　) who have become 20 years old.
(4) He changed the (　　) to watch "The (　　) (　　)."
(5) What looked like a (　　) in the (　　) turned out to be a (　　).

ねらい 語末の /l/ は暗い L で発音されることに気づかせる。

2 次の動詞や名詞に、適切な接尾辞（-al, -ial, -ful, -ible, -able）を付けて形
　　 容詞形をつくり、暗い L に注意して発音してみましょう。🎤 089

finance, magic, harm, essence, favor, president, influence, culture,
compare, sense, fashion, manage, face, office, read, power

ねらい 単語がどのような接尾辞を取るかを知り、語彙を増やすと同時
に、暗い L の発音練習を行う。

暗い L についてもっと知りたい

　より英語らしく、アメリカ発音に近い発音をしたいという上級の学習者向けに、2つアドバイスがあります。

　一つは、暗いLの直前の音色に注意することです。例えば、sale /séɪl/ は、「ォ」のような音を添えて「セイォウ」に近いように発音するのです。同様に、peel /píːl/ は「ピーォウ」、oil /ɔɪl/ は「オィォウ」のようになります。
🎤 090

sale, rail; pile, tile; oil, coil

　直前の母音の音色全体が変わって聞こえる場合もあります。例えば、/ɪ/ は本来「イ」と「エ」の中間のような音色を持ちますが、fill /fíl/ のように後に暗いLが続く場合は「イ」と「ウ」の中間のような音色に聞こえます。

　特に変質の度合いが高いのが母音 /ʌ/ で、通常は短い「ア」のような音色を持ちますが、dull /dʌl/ や ultimate /ʌltəmət/ のように暗いLが後に続く場合は「オ」のような音色に聞こえます。🎤 091

dull, culture, adult, gulf, bulb, ultimate

　2つ目が、暗いLの現れ方です。Q.33では、「母音が後に続く /l/ は明るいL、母音が後に続かない /l/ は暗いL」と説明しました。わかりやすく通じる発音を実現するためには、この二分法に従った練習で十分なのですが、実際のところはそれほど単純ではないのです。

　実は、アメリカ英語の /l/ は、どのような位置に現れても、イギリス英語の /l/ と比較すると、位置にかかわらず「暗め」であると言われます（Celce-Murcia et al., 2010）。

/s/-/θ/：Sink-Think の違いはどう教えるのか？

生徒は /θ/ の発音をサ行に置き換えがちで、/s/ との区別ができていません。何に注意して指導したらよいでしょうか？

A　無声の /θ/ と有声の /ð/ は、いずれも 〈th〉でつづられます。/s/ よりも口の前方（上の前歯の裏）に舌を当てるように指導しましょう。

英語と日本語の違い

〈th〉は世界の言語の中で珍しい音

　英語で 〈th〉のつづり字は、ほとんどの場合 /θ/ と /ð/ のいずれかで発音されます。/ð/ になるのは、the, that, though, mother, weather など基本語や文法的機能を持つ語に多く、その数は限られています。それ以外の数多くの語では /θ/ になります（例：thing, three, author, math, forth）。

　一方、/s/ は sign, last, mass のように 〈s〉のつづり字が多く使われますが、force , city, bicycle のように、〈e, i, y〉の前では 〈c〉もよく使われます（→ Q.17）。

　それに対し、日本語では /θ/ と /s/ を区別しないため、どちらの音も一般的にカタカナのサ行の音で記します。例えば、サンキュー（Thank you.）、サウス（south）、バス（bus）、バス（bath）などです。

　実は /θ/ と /ð/ の2つは、世界の言語の中ではそれほどメジャーな音ではありません。英語以外でこの音を使う言語は、スペイン語・ギリシャ語・アラビア語などごく一部に限られます。なので、多くの非英語母語話者は、歯の裏につけた音、もしくは（日本語母語話者がするように）[s] や [z] の音で発音することが多いのです。おまけに、英語母語話者の中にも、[t] や [d] あるいは [f] や [v] の音に置き換える人さえいるほどです。そのようにしても、通じやすさにそれほどの影響はないため、/θ/ と /ð/ を別の音に置き換えても構わないと考える研究者もいます（Jenkins, 2000）。

実践編

単語レベルの発音

/θ/ と /ð/ の発音ができる・できないは発音上級者を判断する試金石？

その一方で、英語母語話者の間では、/θ/ と /ð/ を正しく発音できない人に対して、おかしさを感じたり、イライラするといったネガティブな感情が持たれやすいとも言われます（Collins, Mees & Carley, 2019）。

さらにいうと、/ð/ の発音は上にも述べた通り、文法的機能を持つ語に多く使われます。例えば、the, that, this といった語は、使用頻度ではトップ20 に入る語であり（Davies, 2008）、最も頻度の高い the は 20 語に 1 語の割合で出てきます。/ð/ の発音ができないということは、20 語に 1 語の割合で「相手に違和感を与える発音」をしていることになります。

したがって、/θ/ と /ð/ の発音は、できなくても通じないことはないものの、英語母語話者を相手にスムーズなコミュニケーションをするためにはできたほうがよい発音であるといえます（→ Q.6）。

発音の仕方

2 つの子音 /s, θ/ を発音する際の口のかまえを示した図21 を見てください。/z/ の発音は /s/ と、/ð/ の発音は /θ/ と同じ口のかまえになります（/s/ と /θ/ は無声音、/z/ と /ð/ は有声音です）。2 つの口のかまえの違いはごくわずかですが、/θ/ の発音をする際の舌と上あごの狭めがある位置は、/s/ の場合よりもわずかに前の方にあることがわかるでしょう。

【/s/ の発音】/s/ を発音するときは、舌の先に近い部分を、歯茎に近づけて狭めをつくり（くっつけないようにする）、「スー」の出だしの音を出すつもりで息を吐き出してみましょう。これが /s/ の音です。

【/θ/ の発音】まずは、/s/ の口のかまえをしてください。そこから今度は舌先を口の前の方に動かします。上の前歯の裏に舌先が軽く触れる位置で、空気の通り道ができるように隙間をつくり、「スー」の出だしを発音するつもりで息を吐き出してみてください。すると、/s/ のときよりは弱い、響きが異なる音ができます。これが /θ/ の音です。

上の歯と下の歯の間に舌を挟むようにして発音する人もいますが、そのようにしても同じような音が出ます。要するに、/s/ のときより舌先の位置が前方（口の入り口に近い方）にあって、音の響きが /s/ とは違ったものであることが重要なのです。

【/s/ と /θ/ の対比】/s/ と /θ/ を交互に出しながら、2 つの音を発音する際の

舌の位置の違いに注目しましょう。/s/ を 1 秒ぐらい出したあと、そのまま /aɪ/ の音へと移行すると、sigh（ため息）の発音になります。/θ/ について同様のことをすれば、thigh（太もも）という語になります。

　同じように、/s/ や /θ/ に続けて /ɪk/ の音を出してみましょう。それぞれ sick, thick の発音になります。それができたら、やはり舌先の位置に注意しながら、語末に /s/ と /θ/ を持つ単語ペアも発音してみましょう。🎤 092

sigh – thigh　　　sick – thick　　　sing – thing

decide　classic　author　method

pass – path　　　miss – myth　　　force – forth

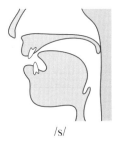
/s/

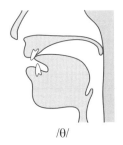
/θ/

図 21　/s/ と /θ/ の発音

指導のヒント

　日本語母語話者は、/s/ と /θ/ の違いに鈍感です。これは、日本語では /s/ の音も /θ/ の音も、同じカテゴリーの音と認識されるということを意味しています。そこで指導ではまず、英語では /θ/ が /s/ よりも前寄り（口の入り口に近いところ）で発音されることを徹底し、この 2 音が別の音であると知ってもらうことが大事です。

　多くの日本語母語話者は、サ行を英語の /s/ に近い位置で発音するので、課題となるのは /θ/ の発音です。そこで、/θ/ はサ行よりも前の方に舌をスライドさせるように、と指導するのが一般的です。

　ところが近年、日本語のサ行を発音する際に舌を歯の付近に当てて、むしろ /θ/ に近いような音を使う人がいます。そういう人のサ行の発音は「舌足らずな感じ」というふうに描写されることが多々ありますが、その発音は

/θ/ に近いので、むしろ /s/ の発音に問題が生じる可能性があります。この場合は、英語の /s/ を発音する際の舌先の位置に十分注意をするように伝える必要があるでしょう。

◀ **ポイント**

	/s/	/θ/
発音する場所	上前歯の付け根	上前歯の裏
発音の方法	舌先に近い部分を近づけて「スー」の響き	舌先を軽く当て「スー」とは少し違う響き
代表的つづり字	〈s〉.〈c〉（〈e, i, y〉の前）	〈th〉

指導アイディア

1 次の文を聞いて、カッコ内のどちらの語が発音されたか選んでみましょう。

🎤 093

(1) He (sought/thought) to solve the problem of industrialization.
努めた / 考えた

(2) They (saw/thaw) the meat in the fridge.
肉があるのを見た / 肉を解凍する

(3) He has a big (mouse/mouth).
大きなネズミを飼っている / 口が軽い

(4) Everyone calls her (Bess/Beth) instead of Elizabeth.

(5) You can learn a lot about nature by visiting the (moss/moth) garden.　苔庭 / 蛾の庭園

ねらい /s/ と /θ/ を入れ替えると意味が変わってしまうことに気づかせる。

2 日本文化の Milestone birthdays（節目の誕生日）を取り上げてみましょう。下に挙げられているお祝いは、いくつの年齢でするものでしょうか。考えて、次のような会話練習をしてみましょう。

What is Koki（古希）?
— Koki is the celebration of a person's seventieth birthday.
— The seventieth birthday is celebrated as Koki.
— It's a celebration when a person turns seventy.
お食い初め；七五三；成人式；還暦；古希；喜寿；米寿；卒寿；白寿

さらに話題を広げて、どのように祝うかを話し合うのもよいでしょうし、ALT がいる授業であれば、出身国で年齢ごとにお祝いをする習慣があるかについてディスカッションをしてもよいでしょう。

ねらい 自発的な会話を楽しみながら、/s/ と /θ/ の発音練習もできる。

Q35

/s/-/ʃ/：Sea-She の違いはどう教えるのか？

　/s/ と /ʃ/ は、明らかに違う響きの音だと思うのですが、生徒は意外と苦戦しています。何に注意して指導したらよいでしょうか？

A　基本的に、/s/ は日本語のサ行、/ʃ/ は「シャ・シュ・ショ」に近い音です。ただし、日本語の「イ」のような音が続く場合は、/s/ と /ʃ/ の区別がはっきりしなくなることに注意が必要です。

英語と日本語の違い

チャイルド・シートとレジャー・シート

　/s/ は sign, last のように 〈s〉 のつづり字が使われますが、city, receive のように 〈c〉 もよく使われます（→ Q.17）。/ʃ/ は ship, wash のように 〈sh〉 でつづられることが多いのですが、語中では nation, special, pressure のようなつづり字もあります。

　日本語母語話者は、site, suit, sauce は「サイト」「スーツ」「ソース」のようなサ行の音、shy, shoes, show は「シャイ」「シューズ」「ショー」のような「シャ・シュ・ショ」の音（便宜的に「シャ行」と呼ぶこととします）、というふうに日本語の音と対応させることが多いため、2つの音は区別がつけやすいと思われています。

　ですが、この分け方だと、「チャイルド・シート」と「レジャー・シート」の「シート」を区別することができません。

　前者は seat で語頭の子音は /s/、後者は sheet で /ʃ/ です。なぜ「シ」の音の区別だけわかりにくくなるのか、以下で考えていきましょう。

日本語母語話者による /s/-/ʃ/ の捉え方

　まずは日本語の音の体系を見てみましょう。日本語のサ行・シャ行は、一般的に次のように発音されています。

| サ行： | サ ［sa］ | シ ［ʃi］ | ス ［su］ | セ ［se］ | ソ ［so］ |
| シャ行： | シャ ［ʃa］ | --- | シュ ［ʃu］ | シェ ［ʃe］ | ショ ［ʃo］ |

　英語で /s/-/ʃ/ の音が区別されているように、日本語でも「サ」−「シャ」や「ス」−「シュ」という音は区別されています。これは例えば、「堺」（サカイ）と「社会」（シャカイ）、「隅」（スミ）と「趣味」（シュミ）といった単語を見てもわかります。したがって、この日本語の「感覚」を、英語の発音の区別にも流用することによって、site-shine（サイト−シャイン）や suit-shoot（スーツ−シュート）の出だしの音は簡単に区別できます。

　ところが、「シ」の場合は話が少し違います。上のサ行とシャ行の並びをよく見るとわかる通り、後に「イ」が続くと、日本語として意味の区別がつくような音が存在しないのです。例えば、「信号」という単語を ［ʃi］ の音を使って「シンゴー」と言おうが、［si］ の音で「スィンゴー」のように言おうが、意味に違いは生じません（後者の発音は聞き手に違和感を与えるかもしれませんが…）。

　こうした日本語の音体系が、seat と sheet の区別を難しくしています。「スィート」と「シート」が違う音であるというのはわかっても、それが意味の違いを生み出すほどの重要な違いではないために、区別しないのです。

　このような理由で、sea, she, sip, ship といった英単語は、/s/ と /ʃ/ のどちらなのかが曖昧になりがちです。いずれも日本語の「イ」の音に近い /ɪ/ もしくは /iː/ が後続するときの音であり、指導のときには注意が必要です。

発音の仕方

　2つの子音の口のかまえを示した図22（次ページ）を見てください。注目したいのは、舌の位置です。

【/s/ の発音】/s/ を発音するときは、舌の先の部分を、歯茎に近づけて（ただしくっつけない）、「スー」の出だしの音を出すつもりで息を吐き出してみましょう。これが /s/ の音です。

【/ʃ/ の発音】これに対して /ʃ/ は、/s/ の口のかまえをしてから日本語で「シー」を発音するつもりで、その出だしを発音してみましょう。すると、舌全体が /s/ の発音をしていたときよりも少し盛り上がるのが感じられるでしょう。これに加えて、唇を少々突き出すように丸めてみると、かなり強い響き

のノイズが出ます。これが /ʃ/ の音です。

【/s/ と /ʃ/ の対比】「スー」「シー」の出だしの音を交互に出しながら、2つの音を発音する際の舌の位置の違いに注目しましょう。さらに、「スー」の出だしの音を1秒ぐらい出したら、そのまま /aɪ/ の音へと移行してみましょう。次に、「シー」の出だしの音を1秒ぐらい出してから、そのまま /aɪ/ の音へとつなげてみましょう。それぞれ sigh, shy の発音をしたことになります。同様に、「スー」や「シー」の出だしの音に続けて /iː/ の音を出してみましょう。それぞれ sea, she の発音になります。🎤094

<u>s</u>eat – <u>sh</u>eet　　<u>s</u>ea – <u>sh</u>e　　<u>s</u>ip – <u>sh</u>ip
re<u>c</u>eive　ba<u>s</u>ic　ma<u>ch</u>ine　appre<u>c</u>iate

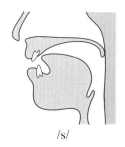
/s/

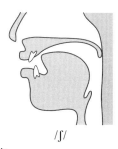
/ʃ/

図22　/s/ と /ʃ/ の発音

指導のヒント

　/s/-/ʃ/ の違いは、舌の位置を少しずらすだけで明確な音色の違いとなって現れるため、発音自体の習得は比較的簡単です。

　しかし、後に /ɪ/ や /iː/ が続くような場合に、/s/-/ʃ/ の違いがわからなくなってしまう生徒もいます。そういう生徒に対しては、口に指を当てながら、「『静かにして』って言いたいとき、「スー」「シー」のどちらを使う？…「シー」でしょう？…この響きに聞こえるのが〈sh〉の音だよ」と説明してみましょう。これで少なくとも音色の違いは理解してもらえます。

　音の区別が明確になったら、発音練習です。まずは、つづり字〈s〉には /s/、〈sh〉には /ʃ/ を使うことを徹底するために、単語ペアで発音練習を行います。続いて、/s/ なのか /ʃ/ なのか、つづりからは判断しにくい単語（例：

ABC, ma<u>ch</u>ine）を取り上げて練習します。"She sells seashells by the seashore." のような早口ことばを利用するのも有効でしょう。

ポイント

	/s/	/ʃ/
発音する場所	上前歯の付け根	/s/ よりもさらに奥寄り
発音の方法	舌先に近い部分を近づけて「スー」の響き	舌を少し盛り上げて唇を丸めて「シー」の響き
代表的つづり字	〈s〉, 〈c〉（〈e, i, y〉の前）	〈sh〉

・違いがわからない場合、「静かにして」の「シー」が /ʃ/ の響きに近いと指導

指導アイディア

1 次のカタカナ語の下線部を英語でどう発音するか、またどう書くかを確認してみましょう。 🎤 095

タク<u>シ</u>ー、ア<u>シ</u>スタント、マ<u>シ</u>ーン、<u>シ</u>ンガー、レ<u>シ</u>ート、
ロ<u>シ</u>ア、<u>シ</u>フト、<u>シ</u>ングル、<u>シ</u>リアス、<u>シ</u>リアル

ねらい カタカナ語の「シ」は、英語では /s/, /ʃ/ のいずれかになることに気づかせる。

2 次の /s/ と /ʃ/ の音を含んだ句や文を丁寧に発音してみましょう。慣れたら徐々にスピードを速めて、一つにつき繰り返して 3 回、早口ことばのように発音してみましょう。 🎤 096

（1）selfish shellfish
（2）Sue's shoe shine shop
（3）six silly sheep shippers
（4）The sun shines on the shop signs.
（5）She saw six sisters on the seesaw.
（6）She sells seashells by the seashore.

ねらい /s/ または /ʃ/ の後に /ɪ/ もしくは /iː/ が続くときに、正しくスムーズに発音をする練習。

166

Q36

/h/-/f/：Hood と Food は何に気をつけて教えるのか？

/h/ はハ行のような音であるのに対し、/f/ は唇と歯を使って発音する音と理解していますが、指導上、注意すべき点はあるでしょうか？

A /h/ と /f/ とでは、口のかまえに大きな違いがあります。口の動かし方や後ろに続く音にも注意して発音するように指導しましょう。

英語と日本語の違い

日本語母語話者による英語 /h/-/f/ の捉え方

　日本語では、ハ行を日本語や外来語の一部に用い、「ファ・フィ・フ・フェ・フォ」を外来語に使う傾向があります。

ハ：班 /ha.N/	ハイ /ha.i/	ファ：ファイブ /fa.i.bu/	
ヒ：品 /hi.N/	ヒート /hi.i.to/	フィ：フィーリング /fi.i.ri.N.gu/	
フ：分 /hu.N/	---	フ：　フリー/fu.ri.i/	
ヘ：変 /he.N/	ヘルス /he.ru.su/	フェ：フェア /fe.a/	
ホ：本 /ho.N/	ホーム /ho.o.mu/	フォ：フォーム /fo.o.mu/	

　この感覚を活かせば、heat-feet（ヒート–フィート）、horse-force（ホース–フォース）のような音の違いは区別することが可能です。しかし、これでは hood-food（フード–フード）の子音の区別はできません（ちなみに、hood /húd/ と food /fúːd/ は母音も異なります）。他にも、フック（留め金）、フーリガン、フラ（ダンス）といった単語は、日本語の感覚だけでは /h/-/f/ どちらの音なのか判断ができません（それぞれ hook, hooligan, hula）。

　さらに、ホ＝ /h/、フォ＝ /f/ であると思い込むことによる「落とし穴」もあります。駅の「プラットホーム」、食品を包む「ホイル」、電話の「テレホン」の「ホ」は、英語では /f/ の音です（それぞれ platform, foil, telephone）。日本語と英語の /h/, /f/ の対応は、実は複雑なのです。

英語の /f/ は「フ」と口のかまえが違う

/f/ の発音で大事なのは、日本語の「フ」とは口のかまえが違うということです。ためしに「富士山（ふじさん）」と声に出して言ってみて、出だしの口の形に注目してみてください。両唇の隙間から息が出るでしょう（図23の左図参照）。いわば、ロウソクを「ふっ！」と吹き消すときのような口の形ですね。「ファ・フィ・フ・フェ・フォ」いずれもこのようになります。

一方、英語の /f/ は Q.31 で扱った /v/ と同様、上の歯が下唇に軽く触れる音です。生徒はよく、/f/ を日本語の「フ」のように発音します（例：フレンド、フェンス、ファイル）が、実際は「フ」とは音のつくり方が異なります（右図参照）。

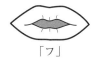
「フ」

/f, v/

図23　日本語の「フ」と英語の /f, v/ の口のかまえ

英語の /h/ ＝「ハ行」ではない

/f/ が「ファ行」と違うのと同様に、/h/ も「ハ行」と異なる点があることに注意してください。ためしに、ゆっくりと「ハ・ヒ・フ・ヘ・ホ」と言ってみましょう。「ハ」「ヘ」「ホ」は /h/ とほぼ同じですが、「フ」は前項でも説明した通り、上唇と下唇で狭めが起きることによる息漏れの音が聞こえますね。

また、「ヒ」の発音をすると、やはり強い息漏れの音が聞こえるでしょう。「ヒ」では、舌が高く上がって上あごにかなり近づくため、空気の通り道が狭まるのです。

こういう強い息漏れの音は、英語の /h/ では聞こえません。このような日本語の癖を英語の発音に持ち込むと、英語としては違和感を与える発音になるので注意が必要です。

日本語の「ヒ」と「フ」を発音したあと、英語の he と who を聞き、比較してみましょう。　🎤 097

「ヒ」（火）vs.　he（彼）　　　「フ」（麩）vs.　who（誰）

168

発音の仕方

【/f/ の発音】まずは図 23 のように、上の歯が下唇に軽く触れた状態で息を吐き出します。その状態のまま、後に続く母音を発音します。🎤 098

fun, fear, foot, fence, phone
offer, before, coffee
laugh, brief, safe, graph, staff

　後続の母音が変わっても、口のかまえは変えないようにします。特に、日本語の「オ」や「ウ」に似た音が続くと口のかまえが変わりやすいので、注意が必要です。

【/h/ の発音】/h/ を含んだ単語を提示し、/h/ の直後の母音を発音してみます。例えば、heat /híːt/ であれば、/iː/ と言ってみます。その口のかまえのまま、喉の奥から息を軽く吐くことを意識すると、/h/ の音になります。🎤 099

high, heat, who, head, home

　基本的に、英語の /h/ には、日本語の「ヒ」や「フ」のような強い息漏れの音は聞かれません。上で説明したように、母音を発音する口のかまえのまま、単にのどの奥から息を吐くのが /h/ の音なのです。
　英語の /h/ には、それ自体には決まった口のかまえなどはありません。後に続く母音の口の形をしながら、息を出すことで生じる音です。high /háɪ/ であれば後に続く ［a］の口の形、home /hóʊm/ であれば後に続く ［o］の口の形をしながら /h/ の発音をする、といった具合です。

【/f/ と /h/ の対比】すでに説明した口のかまえを意識させながら発音練習してみましょう。🎤 100

fire – hire	feet – heat	foam – home
fair – hair	food – who'd	

　/f/ を発音する際は、口のかまえがどのようになっているかは目に見える
ので、指導しやすいはずです。これに対して、/h/ は正しい発音ができてい
るかを視覚的に確認するのは難しいですが、「イ」や「ウ」のような音が続
くときに強い息漏れを入れずに発音できているかどうかの聴覚的な判断は可
能です。

　息漏れが聞こえた場合、その口のかまえのまま息を吸い込むように言って
みましょう。口の中でひんやりと感じられる箇所があるはずです。そこが狭
めの起きている箇所ですから、そこをゆるめるように指導します。

　/f/ は多くの場合、〈f〉でつづられますが、〈ph〉、ときに〈gh〉でつづら
れることもあります（例：photograph, laugh）。

　また、/h/ のつづり字は〈h〉ですが、フランス語起源の語を中心に、つ
づり字に〈h〉があっても /h/ が発音されないことがあります（例：hour,
honest）。/h/ の発音の有無により、冠詞の付け方も an hour, a harbor のよう
に変わってくるので、注意が必要です。

ポイント

	/h/	/f/
発音する場所	口の中で狭めはない	上の前歯と下唇
発音の方法	後続する母音の口の形を しながら息を出す	わずかな隙間から息を通す
代表的つづり字	〈h〉	〈f〉〈ph〉〈gh〉

・/f/ はロウソクを吹き消すときの「フ」にならないように注意
・/h/ は「イ」や「ウ」のような母音が後続するときは特に注意

指導アイディア

1 /f/ は〈f〉〈ff〉以外に〈ph〉や〈gh〉でもつづられます。/f/ を含む単語の音声を聞き、どのつづり字になるかグループ分けをしながら書きとってみましょう。また、発音もしてみましょう。🎤 101

〈f〉	〈ff〉	〈ph〉	〈gh〉

（録音）

pharmacy, staff, laughter, nephew, photo, difficult, coffee, cough, hemisphere, Africa, effort, biography, typhoon, classify, enough, information, uniform, performance

ねらい 〈ph〉〈gh〉も /f/ の発音になる場合があることに気づかせる。

2 下の語群の中で、〈h〉が無音になる（/h/ が発音されない）語を選び、発音してみましょう。次に、(1)〜(8) のように前に冠詞がついたときに、a と an どちらになるかも考えて、発音してみましょう。🎤 102

heavy, honest, humorous, exhibition, heir, heart, hour, harmful, hospital, vehicle, humid, dishonest, honorable, history

(1)（ a / an ）heavy box
(2)（ a / an ）humorous look
(3)（ a / an ）honest man
(4)（ a / an ）hour and a half
(5)（ a / an ）history lesson
(6)（ a / an ）humid region
(7)（ a / an ）honorable award
(8)（ a / an ）heir to the property

ねらい 〈h〉のつづり字は常に発音されるとは限らないことを確認し、冠詞が前についたときの発音練習を行う。

Q37

....

/p,t,k/ : パ・タ・カ行の子音と同じ音だと教えてよいのか？

　/p, t, k/ は日本語にも英語にもある音なので、教えるのは簡単そうです。この音の指導に関して何か注意すべき点はありますか？

A　たしかに /p, t, k/ は日本語にも英語にもあり、VPM もほぼ同じなので、説明は比較的簡単です。ただ、英語らしく発音したり正しく聞き取ったりするためには、注意点もあります。

英語と日本語の違い

　英語の pan と日本語の「パン」、ten と「天（てん）」、key と「奇異（きい）」。英語の /p, t, k/ に対応する音は日本語にもあるので、発音練習は簡単にできると思っていませんか。

　たしかに、音の種類は似ています。特に、「発音する場所」は同じで、/p/ は両唇、/t/ は歯茎、/k/ は軟口蓋でつくる音です。

　でも、発音をよく聞き比べてみると、少し違いがあります。英語では pan [pʰǽn]、ten [tʰén]、key [kʰíː] のように出だしに強い息漏れが入ります（音声記号の [ʰ] は、[p] [t] [k] に息漏れが伴うことを表しています）。それに対し、日本語ではパン [pa.ɴ]、てん [te.ɴ]、きい [ki.i] のようにそれほど強い息漏れは伴わないのです。

　息漏れの有無を確かめる方法があります。口元にティッシュを持ってきて、英語の pan と日本語の「パン」をそれらしく発音してみるのです。英語の pan を発音すると強い息漏れが出るので、日本語の「パン」よりもティッシュが息で大きく揺れるはずです。

　英語を話す際に、この息漏れを強く出さないとどうなるでしょうか？　実は、通じるか通じないかは、聞き手しだいです。例えば、フランス語母語話者が聞き手の場合は、息漏れが少なくても、/p, t, k/ である

図24　息漏れをチェックする方法

172

と聞いてもらえるでしょう。

　しかし、聞き手が英語母語話者や中国語母語話者である場合、息漏れの少ない /p, t, k/ は、/b, d, g/ の音と聞き取られてしまう可能性があります。つまり、「桃」(peach) の話をしているのに、「ビーチ」(beach) の話をしていると聞かれてしまう可能性があるのです。なぜなら、英語や中国語の母語話者は、/p, t, k/ に息漏れが伴うことを期待するからです (Jenkins, 2000)。

　このような英語話者がいることを考えると、わかりやすく通じる発音を目指して、息漏れを出すべきときは、きちんと出したほうがよいでしょう。

発音の仕方

様々な /p, t, k/ の発音

　上で「息漏れ」が重要であると説明しましたが、英語の /p, t, k/ がいつも強い息漏れを伴う音である、というわけではありません。次の (1)〜(5) の /p, t, k/ を比較してみましょう。 🎤 103

	(1)	(2)	(3)	(4)	(5)
/p/	pen	suppose	spend	open	mop
	[pʰén]	[səpʰóʊz]	[spénd]	[óʊp(ə)n]	[máp̚]
/t/	ten	attack	step	today	net
	[tʰén]	[ətʰǽk]	[stép]	[tʊdéɪ]	[nét̚]
/k/	key	decay	ski	monkey	rack
	[kʰíː]	[dɪkʰéɪ]	[skíː]	[mʌ́ŋki]	[rǽk̚]

　/p/ の音を含む 5 語のうち、強い息漏れを伴うのは (1) pen と (2) suppose だけです。/t, k/ の場合も (1) と (2) のみです。

　実は、強い息漏れを伴うのは、(1) や (2) のように「後に強勢を持つ母音が続き、かつ、前に /s/ の音がない」という条件が満たされたときだけです。(3) は前に /s/ の音があるとき、(4) は後に強勢のある母音が続かないとき、(5) は語末に /p, t, k/ の音がくるときです。これらの場合には、強い息漏れはありません。

　さらに、(5) の場合、/p, t, k/ の音がはっきり聞こえないこともあります。/p/ であれば、mop の最後に両唇を閉鎖する動作まではするものの、閉じた

173

きり開放せず発音を終えてしまうのです（唇を開かないことを [p̚] という記号で表しています）。耳に入ってくる音は「マーッ」のようになり、末尾の /p/ の音は聞き取りづらいはずです。

このように、/p, t, k/ には、それぞれに様々な異音があります（→ Q.14）。

閉鎖音の連続で開放しない /p, t, k/

単語の中や単語と単語の間に現れる /p, t, k/ も、そのあとに閉鎖音（/p, t, k/ や /b, d, g/）がもう一つ続くような場合、閉鎖を開放させないで発音を終わらせるのが普通です。例えば、apt では、/p/ は閉鎖のかまえだけして /t/ の発音へ移行します（この現象は /b, d, g/ でも見られます）。 🎤 104

apt /p/ + /t/ [p̚t]	output /t/ + /p/ [t̚p]	bookcase /k/ + /k/ [k̚k]
tap dance /p/ + /d/ [p̚d]	outgoing /t/ + /g/ [t̚g]	cookbook /k/ + /b/ [k̚b]
webpage /b/ + /p/ [b̚p]	blood type /d/ + /t/ [d̚t]	rugby /g/ + /b/ [g̚b]

子音の連続で脱落する /t/

単語の中や単語と単語の間で子音が連続する場合、語末の位置にある /t/ が発音されないことがあります。これを**脱落**（elision）といいます。条件は、/t/ が子音で囲まれているときです。同じ条件の場合、/d/ も脱落します。 🎤 105

test tube /s(t)t/	wristwatch /s(t)w/	next station /ks(t)st/
secondhand /n(d)h/	canned beer /n(d)b/	landscape /n(d)sk/

なお、この現象は常に起きるものではなく、ゆっくりと丁寧に発音する場合には、脱落しないできちんと発音されることもあります。

指導のヒント

以上の説明からわかる通り、/p, t, k/ の音は日本語にも英語にもありますが、その発音の仕方には違いがあります。基本的には「パ行」「タ行」「カ行」のような音に置き換えて発音することで問題はないものの、/p, t, k/ が音節のどの位置に現れるか、また前後にどのような音があるかに応じて、息の出し方や口の開き方を適切に調整させる指導が必要です。このことが英語らし

い発音につながっていきます。

　例えば、生徒たちは語末の /p, t, k/ をはっきり聞こえる音で発音すること
があります。それ自体はよいのですが、さらにカタカナ語の「モップ」「ネ
ット」「ラック」の発音に引きずられて、/mo.p.pu/ /ne.t.to/ /ra.k.ku/ のよ
うな余計な母音を入れてしまうと問題です。そうならないためにも、「閉鎖
を開放させずに発音を終わる」ことをきちんと教えるのが賢明でしょう。

　なお、/p, t, k/ の音とつづり字の対応は比較的単純です。基本的には、〈p〉
〈t〉〈k〉のつづり字は常に /p, t, k/ と発音されます。ただし、発音されない
〈p〉〈t〉〈k〉もあります。代表的なものを挙げておくので、あわせて指導す
るとよいでしょう。 🎤 106

無音の 〈p〉：psychology, pneumonia, psalm, receipt, raspberry, cupboard
無音の 〈t〉：listen, fasten, castle, whistle, wrestling, debut, ballet
無音の 〈k〉：knuckle, know, knife, knee, knight

◀ ポイント

/p, t, k/	異音の特徴	どのようなときに現れるか
[pʰ] [tʰ] [kʰ]	息漏れあり	後に強勢のある母音が続き、かつ、前に /s/ の音がない
[p] [t] [k]	息漏れなし	・前に /s/ の音がある ・強勢のない母音が続く
[p̚] [t̚] [k̚]	開放なし	・語末 ・単語中や単語間で閉鎖音が続く
(p) (t) (k)	脱落	単語中や単語間で子音が連続する場合の語末の位置

1 英語を聞いて、下線に入る語句を書き取り、自分でも発音してみましょう。 🎤 107

(1) Thanks a lot for your _____!

(2) Ladies and gentlemen, please stay _____.

(3) I'll be _____.

(4) Her favorite _____ is the alligator.

(5) Get more info at quiz@abc _____.

(6) Only the world's _____ athletes will be invited.

(7) Have you seen a _____?

(8) The _____ salad was excellent.

ねらい 様々な位置（語末、閉鎖音の連続など）に現れる /p, t, k/ の聞き取り練習。

2 BOX 1 と BOX 2 の単語を一つずつ選び、新しい語句をつくって発音してみましょう。意味も調べてみましょう。

（例）hot + dog → hot dog

BOX 1

cat	hip	black
great	music	fast
card	fruit	meat
last	hot	mashed

BOX 2

dog	spot	hop
potato	ball	call
cake	pie	board
food	class	deal

ねらい BOX 1 の語末と BOX 2 の語頭が続くことでできる閉鎖音の連続と、BOX 2 の語末閉鎖音の発音練習。

Q38

/ɪ/-/iː/：Bit-Beat の違いはどう教えるのか？

　英語には２つの「イ」の母音がありますが、ship は「イ」と短く、sheep は「イー」と長く発音する、というふうに教えてもよいのでしょうか？

A 　/ɪ/ は短く、/iː/ は長く発音する、と教えて大きな問題はありません。ただし長さだけでなく、音色も違うことに注意をして指導しましょう。

英語と日本語の違い

　英語には次のような単語のペアがたくさん見つかります。左側の単語は短母音の /ɪ/ を持ち、右側の単語は長母音の /iː/ を持っています。長母音の後ろについている /ː/ は、「長い」ということを示します。 🎙108

ship /ʃíp/	sheep /ʃíːp/
fit /fít/	feet /fíːt/
live /lív/	leave /líːv/

　/ɪ/-/iː/ は、単語を区別する力である機能負担量（→ Q.6）が高い母音対です。つまり、英語学習者にとって「わかりやすく通じる発音」を身につけるためには、必ず習得し区別ができるようにしなければいけない母音です。

　日本語にも、似たように長短の「イ」「イー」で区別する単語のペアがあります。左側の単語は短い「イ」ですが、右側の単語は長く「イー」と発音します。

銀 /gi.N/	議員 /gi.i.N/
歯科 /si.ka/	詩歌 /si.i.ka/
帰路 /ki.ro/	黄色 /ki.i.ro/

　英語でも日本語でも、「イ」と「イー」の母音の違いで、単語の意味が変わります。ということは、英語と日本語は同じなのでしょうか？　実は、英

語と日本語の「イ」と「イー」は似ているようで、違いがあります。

発音の仕方

英語の /ɪ/ は短い「イ」、/iː/ は長い「イー」

まず第一歩として、「/ɪ/ は短く /iː/ は長い」と覚えて問題ありません。特に、上で挙げた ship-sheep, fit-feet, live-leave のように、前後の音が同じ環境で比較すると、はっきりと長さの違いがあります。

英語の /ɪ/ と /iː/ は音色が違う

それではなぜ /ɪ/ と /i/ のように、異なる記号が使われるのでしょうか。実は英語の /ɪ/ と /iː/ は、長さだけではなく音色にも違いがあるのです。

日本語の場合には、「イ」と「イー」は同じ音色を持ちます。例えば、「おじいさん」という単語を録音し、「イー」を短く加工してみると、「おじさん」と聞こえます。反対に「おじさん」という単語の「イ」を長く加工すると、「おじいさん」と聞こえます。これは、日本語の長短の「イ」は純粋に長さの違いだということを示しています。

同じ加工を英語でやってみるとどうでしょうか。sheep を録音して /iː/ の部分を短くしても、ship とは聞こえません。逆に、ship の /ɪ/ の部分を長くしても、sheep としては不自然な発音になります。つまり、英語の /ɪ/ と /iː/ には、長さの違いだけでなく音色の違いがあるのです。

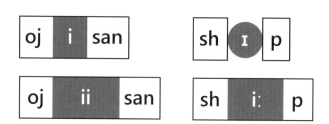

英語の短母音 /ɪ/ は、少し力を抜き「イ」と「エ」の中間のような音色を出します。一方、長母音 /iː/ は、日本語の「イー」で置き換えて問題ありません。発音記号で /ɪ/ と /i/ のように違う記号を使うのは、この音色の違いを表しているわけです。前ページの🎤108 をもう一度聞いてみましょう。

英語の母音の「実際の」長さは次に続く音しだい

英語の /ɪ/ と /iː/ は、長さに加えて音色の違いがあることはすでに説明した通りですが、長さよりも音色の違いのほうが重要だという考え方もあります。なぜなら、「/ɪ/ は短く /iː/ は長い」が常に成り立つとは限らないためです。

上級知識として知っておくべきルールに、「後ろに無声子音があると母音は短くなる」というのがあります。つまり英語の母音は、後ろにどんな音がくるかで長さが変わるのです。下の単語を比較してみましょう。 [🎤 109]

	短め	長め
/ɪ/	pick	pig
	rip	rib
/iː/	peace	peas, P
	beat	bead, bee

左の列の単語は、母音を短めに発音します。後ろに /k, p, s, t/ のような無声子音が続くためです。反対に右の列の単語は、母音の後ろに /g, b, z, d/ のような有声音がある、あるいは語末の位置のため、母音は短くなりません。大切なのは、長さは後ろの音に応じて変化したとしても、/ɪ/ と /iː/ は 2 つの異なる母音音素であるという点です。

付け加えると、この長さのルールは /ɪ, iː/ に限らず、英語のすべての母音にあてはまります。例えば cab /kæb/ よりも cap /kæp/ のほうが、wide /wáɪd/ や why /wáɪ/ よりも white /wáɪt/ のほうが、母音は短くなります。知識として、「後ろに無声子音があると母音は短くなる」というルールを知っておくことは大切です (→ Q.14)。

指導のヒント

/ɪ/ と /iː/ の音を習得するためには、発音と聞き取りの両方を練習することが必要です。

まず、聞き取りに関していうと、/ɪ/ と /iː/ は日本語母語話者にとってはそれほど区別の難しいペアではありません。聞き取りテストをすると、/l/ と /r/ の区別などは点数が低いのですが、/ɪ/ と /iː/ は比較的高い点数がでます。

発音についても、他の母音に比べると、難易度がそれほど高い母音ペアでないのは確かです。しかし、発音は簡単！とは断言しきれません。実際に、日本語母語話者が発音した ship と sheep や、live と leave が聞き間違えられてしまうという問題は起こります。

　また、もう一つ日本語母語話者に時々聞かれる問題点は、短い /ɪ/ が「イとエの中間」であるということを意識しすぎて、big を beg のように発音してしまうことです。やりすぎには注意しましょう。

　とはいえ、日本語に短い「イ」と長い「イー」の区別をする習慣があるのは強みです。学習者の母語によっては、この区別が非常に難しい場合もあります。例えば、母語に母音の長短の区別がないポーランド語話者にとっては、英語の長短の /ɪ, iː/ の区別は難しいようです。それと比較すると、日本語母語話者にとって、英語の /ɪ/ と /iː/ は、難易度はそれほど高くないといってよいでしょう。

◀ ポイント

	/ɪ/	/iː/
舌の高さ 口の開き方	高い 小さい	非常に高い 小さい
舌の前後位置	前舌を上げる	前舌を上げる
長さ	短め	長め
音色	日本語の「イ」と「エ」の中間	日本語の「イ」とほぼ同じ
代表的つづり字	〈i〉	〈e〉〈ee〉〈ea〉

・英語の母音は、無声子音の前では短くなる（すべての母音にあてはまる特徴）

指導アイディア

1 2つの単語が並んだフレーズを聞き、書き取ってみましょう。2つの単語の強勢を持つ母音は短母音 /ɪ/ でしょうか、長母音 /iː/ でしょうか？正しい組み合わせを選びましょう。 🎤110

（例）	simple rhythm	長長	短短	長短	短長
（1）	Swiss cheese	長長	短短	長短	短長
（2）	Christmas Eve	長長	短短	長短	短長
（3）	speed limit	長長	短短	長短	短長
（4）	key speaker	長長	短短	長短	短長
（5）	pink cheeks	長長	短短	長短	短長
（6）	police chief	長長	短短	長短	短長
（7）	business dinner	長長	短短	長短	短長
（8）	Greek myths	長長	短短	長短	短長
（9）	drink milk	長長	短短	長短	短長
（10）	unique symbol	長長	短短	長短	短長

（例の「短短」が枠で囲まれている）

ねらい 短母音 /ɪ/ と長母音 /iː/ の区別がつくか確認する。

2 下線部を長母音 /iː/ で読む単語を選び、丸をつけましょう。 🎤111

> India, melody, Indonesia, Switzerland, police,
> theater, athlete, swim, therapy, athletic,
> meter, comedian, Egypt, hero, media,
> singer, heroine, English, machine, ski

ねらい 〈i〉や〈e〉のつづりを持つ長母音 /iː/ を含む単語の発音練習。

Q39

/æ/-/ʌ/-/ɑ/: Hat-Hut-Hot の違いはどう教えるのか？

英語には日本語の「ア」に聞こえる母音が多くあり、説明に苦労します。どう説明したらよいでしょうか？

A 3つの短母音 /æ, ʌ, ɑ/ は、いずれも日本語の「ア」に聞こえるため、たしかに区別が難しい音です。まずは「長さ」と「音色」を頼りに教えましょう。つづり字の違いに注目させるのもポイントです。

英語と日本語の違い

日本語には母音が「アイウエオ」と5つあります。一方、英語には母音が24個もあります（→ Q.12）。日本語と英語の母音を比べると、例えば日本語の「イ」に近いものとしては英語の /ɪ, iː/ が（→ Q.38）、「エ」に近いものとしては /e, eɪ/ があります。だいたいのところ、日本語の母音1つに対して、対応する英語の母音が2〜3個あります。

しかし、日本語の「ア」「アー」に対応する英語の母音となると、もっと数が多くなります。いくつあるのか、カタカナ語を例に考えてみましょう。

帽子のハット	hat	/æ/	毛皮のファー	fur	/ɚː/
小屋のハット	hut	/ʌ/	遠いファー	far	/ɑɚ/
暑いハット	hot	/ɑ/	温泉のスパ	spa	/ɑː/

上に挙げた6つの「ア」は、英語ではどれも違う音です。母音が変わると、単語の意味が変わってしまいます。この Q では特に、/æ, ʌ, ɑ/ の音を解説します。この3つの母音は、どの組み合わせも機能負担量が高く（→ Q.6）、どれも重要な母音です。/ɚː/ と /ɑɚ/ の区別については次の Q.40 を参照してください。

182

発音の仕方

/æ/ と /ʌ/ の違い

まず、fan や hat の /æ/ と、fun や hut の /ʌ/ との違いを考えてみます。

/æ/ は、日本語母語話者は「ア」で発音しがちです。しかし、この音は「エ」に近い音色も持ちます。「エ」を出しながら、少しずつ口を開けて舌の前の方を下げていき「ア」に聞こえるあたりで止めると、この母音の音色になります。/æ/ は音の長さが長いことも特徴です。例えば bad は「ベァード」のように聞こえることがあります。

次に /ʌ/ ですが、この音は /æ/ と比較すると口の開き方は小さいといえます。また、音の長さも比較的短めです。日本語の「ア」で置き換えて問題はないでしょう。

/æ/ と /ʌ/ の違いは、動詞の活用形に登場します。run-ran-run, drink-drank-drunk, swim-swam-swum, begin-began-begun などが例です。

この 2 つの音が /k, g/ に続くときは、違いが明確です。cat と cut、began と begun の区別は練習する必要はありません。fan と fun、match と much のように /k, g/ 以外の音に続くときに練習が必要です。 🎙 112

/æ/	/ʌ/
fan	fun
hat	hut
match	much

hot はハット？

次に、hot や lock の /ɑ/ に注目しましょう。この母音は英米差があり、アメリカ発音では、日本語母語話者の耳には「アー」と聞こえます。これが /ɑ/ です。一方イギリス発音では、唇を丸めるため「オ」と聞こえます。例えば box は、アメリカ発音だと「バークス」のようになりますが、イギリス発音だと「ボックス」と聞こえます。

アメリカ発音の /ɑ/ は、舌の後ろの方を下げて、口の中を大きく開けて、長めに「アー」と発音しましょう。あるいは、「オ」をつくる口のかまえで、唇の丸めをとって発音するのも一つの出し方です。 🎙 113

hot, lock, box, sock, what, watch, rob, solve, quality, honest, possible

指導のヒント

つづり字を活用しよう

　英語のつづり字は不規則と言われていますが、実は思っているよりもずっと規則的です（→ Q.15）。そのため /æ, ʌ, ɑ/ の区別にも、つづり字はおおいに役立ちます。

　/æ/ は99%〈a〉、/ʌ/ は91%〈u〉で書きます（成田, 2009）。つまり、/æ/ なのに〈u〉や〈o〉で書くことはないのです。日本語母語話者は、〈u〉を見ると /ʊ/ と読んでしまうのですが、英語の規則的な読み方は /ʌ/ です。/ʌ/ の他のつづりとしては、love や come の〈o〉や、double や young の〈ou〉もあります。最後に /ɑ/ は、規則的なつづりは lock や box などの〈o〉です（成田, 2009）。〈o〉は /ʌ/ と /ɑ/ の両方のケースがあるため、注意が必要です。

音色と長さが手がかり

　母音の場合は、聞いたときの音色と長さの違いを捉えることがとても大切です。聞こえた音をカタカナに置き換える癖がついていると、/æ, ʌ, ɑ/ はすべて「ア」にまとまってしまいます。生徒たちは「聞いたまま繰り返す」ということに長けていますから、その長所をいかしましょう。

ポイント

	/æ/	/ʌ/	/ɑ/
舌の高さ 口の開き方	低い 大きい	中間 中間	低い 大きい
舌の前後位置	前舌を下げる	真ん中	後舌を下げる
長さ	長め	短め	長め
音色	「ア」と「エ」 の間	力を抜いた 「ア」	口を大きく開けた 「アー」
代表的つづり字	〈a〉	〈u〉〈o〉〈ou〉	〈o〉

指導アイディア

1 聞こえてくる単語の強勢を持つ母音は、/æ/ でしょうか？　/ʌ/ でしょうか？　単語を聞いて書き取り、分類しましょう。 🎤114

/æ/	/ʌ/

（録音）

January, Saturday, Sunday, basket, blanket, discuss, dragon, hamburger, handsome, jungle, lunch, mango, pumpkin, sunshine

ねらい　/æ/ と /ʌ/ の母音の区別をする練習。同時に /æ/ は 〈a〉、/ʌ/ は 〈u〉でつづられることを確認する。

2 次の単語の〈o〉のつづり字は、/ʌ/ と /ɑ/ のどちらで発音するでしょうか？　分類してみましょう。 🎤115

comfortable, company, cover, done, God, honest, hop, love, money, month, none, possible, solve, stomach, stop, tongue

/ʌ/	/ɑ/

ねらい　/ʌ/ と /ɑ/ の母音の音色の区別を確認する。〈o〉は両方の母音のつづりに使われることに気づかせる。

Q40

/ɚ:/-/ɑɚ/: Firm-Farm の違いはどう教えるのか？

firm も farm もカタカナ語では「ファーム」と同じになってしまいます。母音の違いはどのように教えるとよいでしょうか？

A firm の /ɚ:/ は音色が最初から最後まで変わらない長母音、farm の /ɑɚ/ は口を大きく開けてから途中で /r/ に音色が変わる二重母音です。特に /ɚ:/ は基本語に多く登場する母音なので、しっかり練習しましょう。

英語と日本語の違い

Q.39 では、日本語の「ア」に対応する英語の母音として、/æ, ʌ, ɑ/ の 3 つを解説しました。

やっかいなことに、英語には日本語の「アー」に対応する母音がさらに 2 つあります。firm, hurt, stir の /ɚ:/ と、farm, heart, star の /ɑɚ/ です。/ɚ:/ も /ɑɚ/ も、日本語の「アー」に置き換えられてしまうため、日本語母語話者にとっては区別の難しい母音です。ですが、両方とも単語の意味を変える力を持つ母音であるため、しっかり練習することが必要です。

発音の仕方

/ɚ:/ は、最初から最後まで音色が変わらない長母音です。/ɚ:/ の発音の仕方は、実は /r/ と同じです（→ Q.32）。少し唇を丸めて、舌全体を後ろにひくようにして発音します。

/ɚ:/ は長母音であるのに対して、/ɑɚ/ は、最初は「ア」の音色で始めて、あとに /r/ をつける二重母音です（→ Q.12）。口の開きでいうと、/ɚ:/ が比較的小さいのに対して、/ɑɚ/ は口を大きく開けてスタートします。🎤 116

/ɚ:/	/ɑɚ/
heard	hard
firm	farm
hurt	heart

この2つの母音には方言差があることも覚えておきましょう。アメリカ発音のようなR音性のある方言では、/r/ の音色を持ちます。しかしイギリス発音では、/ɚ:/ も /ɑɚ/ も /r/ の音色がなくなります（→ Q.2）。

指導のヒント

基本語に多い /ɚ:/

/ɚ:/ の母音は、基本語で多く使われます。例えば、初級者向けの単語に限定しても、以下のような例があります。🎤 117

work, word, girl, Thursday, world, purple, first, bird, skirt, shirt, third

/ɚ:/ は英語独特の母音であり、学習者には習得が難しい音です。しかし、上に示したように、コミュニケーションで多く登場する基本語で使われる母音なので、身につける必要性が高い音です。実際、この母音の発音間違いが原因で、ミスコミュニケーション（伝達の失敗）が起きることが多いという報告もあります（Jenkins, 2000）。

大学生の発音を聞くと、/ɚ:/ と /ɑɚ/ どちらかを上手く発音できないという人もいますが、両方とも発音できるのに反対に使ってしまうという人もいます。hard, heart, heard などの基本語は、どちらの母音を使うのか、単語ごとにしっかり覚えておくことが大切です。

つづり字の活用

この2つの母音の区別でも、つづり字が役に立ちます。/ɚ://ɑɚ/ ともに、つづりに〈r〉の文字が入っています。/ɚ:/ の代表的なつづり字は〈ir, ur, er〉の3種類、/ɑɚ/ は〈ar〉です。🎤 118

/ɚ:/	/ɑɚ/
〈ir〉bird, girl, first, thirsty	〈ar〉art, arm, farm
〈ur〉turn, burn, hurt, surfing	
〈er〉term, verb, herd, certainly	

〈ir, ur, er〉が /ɚ:/、〈ar〉が /ɑɚ/ に対応すると覚えておけばよいでしょう。

なお、この2つの母音で気をつけなければいけないのは、一部のつづり字は、/ɚ:/ になることもあれば /ɑɚ/ になることもある、ということです。例えば 〈ear〉 は、hear の過去形の heard では /ɚ:/ ですが、heart では /ɑɚ/ です。

Work と Walk

学習者がよく混同する単語ペアに、work /wɚ́:k/ と walk /wɔ́:k/ がありま す。この2語の発音や聞き取りが難しいのはなぜでしょうか？

work は「ワーク」や「ウォーク」のように発音する人がいますが、どち らも正しく伝わりません。work はつづり字に注意が必要です。〈or〉 は通常、 /ɔɚ/（horse, port）と発音するため、work を見ると「ウォーク」と発音した くなります。しかし、〈or〉の前に 〈w〉 がついて 〈wor〉 となると（world, worth, worse, word）、発音は /ɔɚ/ ではなく /ɚ:/ に変わるのです（→ Q.18）。

では、walk は「ウォーク」でよいかというと、そうでもありません。な ぜならアメリカ発音では、walk の /ɔ:/ は /ɑ:/ と発音されることがあるため です（→ Q.41）。その結果 walk は「ワーク」のように聞こえます。

つまり、work と walk という2つの単語の区別をするためには、特に work の /ɚ:/ の音色をしっかり身につけなければいけません。

◀ ポイント

	/ɚ:/	/ɑɚ/
舌の高さ 口の開き方	中間 小さい	低い→高い 大きい→小さい
舌の前後位置	舌を後ろにひく（= /r/）	前舌を下げた状態 → /r/ のかまえ
長さ	長め	長め
音色	最初から最後まで /ɚ:/	「ア」から /r/ へ変化
代表的つづり字	〈ir〉〈ur〉〈er〉〈wor〉	〈ar〉

1 聞こえてくる語句の中に、work と同じ母音が使われていたら手をあげましょう。 🎤 119

（録音）

farmhouse	Thursday night	far away
birthday wish	girlfriend	carpool
journalism	marching band	crossword puzzle
flea market	earthquake	Star Wars
barbecue	rehearsal	emergency
garbage	thirty-three	heartache
parking lot	herb tea	pearl necklace

ねらい /ɚː/ と /ɑɚ/ の母音の音色を区別できるか確認する。

2 次に挙げる単語のうち、2つを組み合わせてフレーズを考えてみましょう。そして、正しく発音してみましょう。

（例）purple shirt, third party

> bear, beer, bird, birthday, car, card, careful, circle,
> curly, first, fourth, fur, German, girl, hair, hard,
> heart, horse, important, large, nearby, party, poor,
> purple, scary, shark, sharp, shirt, short, skirt,
> square, third, thirsty, warm, word, world, worm

ねらい /ɚː/ の発音を含めた、つづりに〈r〉を持つ母音の発音練習。同時にフレーズの意味も確認する。

Q41

/oʊ/-/ɔː/: Low-Law の違いはどう教えるのか？

英語には so や saw など「オー」のような母音が何種類かあります。何か教え方にコツはあるでしょうか？

A so は二重母音 /oʊ/、saw は長母音 /ɔː/ です。区別が難しいのは、日本語では「オゥ」と「オー」のような音を区別しないからです。つづり字を活用して教えるのがポイントです。

英語と日本語の違い

英語には日本語の「オ」「オー」に対応する母音はいくつある？

英語には日本語の「ア」に対応する母音がたくさんあります (→ Q.39, 40)。それでは「オ」に対応する母音はいくつあるのでしょうか？　カタカナ語を例に考えてみます。

着るコート	coat /oʊ/	catch の過去形のコート	caught /ɔː/
裁判所のコート	court /ɔɚ/	簡易ベッドのコット	cot /ɑ/

最後の cot の /ɑ/ は、アメリカ英語では「カート」のように聞こえますが、イギリス英語だと「コット」と聞こえます (→ Q.39)。この Q では、coat, so, low の /oʊ/ と caught, saw, law の /ɔː/ の違いに注目することにしましょう。

日本語には「オゥ」と「オー」の区別がない！

英語の話をする前に、まず日本語について考えてみます。日本語で、「応援、王子、往復、卵黄」という語をひらがなで書く場合、どう書きますか？「おうえん、おうじ、おうふく、らんおう」と、かなでは「おう」と書くはずです。コンピュータで入力するときも「o + u」とタイプします。

しかし、発音はどうでしょう？　「応援」は「おうえん」と発音するでしょうか？　答えは NO です。応援は「おーえん」、往復は「おーふく」、卵黄は「らんおー」と発音します。日本語では、かな表記では「おう」、発音

では「おー」と使い分けていますが、「おう」と「おー」という2つの音が、単語の意味を区別するわけではないのです。そのため日本語母語話者は、この2つの音の違いに鈍感です。

　一方、英語には、「オゥ」と「オー」のように発音する母音があり、それぞれ単語の意味を区別します。

発音の仕方

　low や boat の母音 /oʊ/ は、少し方言差はあるものの、とりあえず二重母音（→ Q.12）と考えておくとよいでしょう。まずは、少し唇を丸めた「オ」の口の形で始め、そのあとに「ウ」に移行します。最初の「オ」を少し長めにいうと、より英語らしさがでます。go であれば「ゴーゥ」という感じです。

　次に law や bought の母音 /ɔː/ です。こちらは、最初から最後まで音色や口の形が変わらない長母音です。日本語の「オー」のイメージよりも、少し「アー」に近いくらい、舌の後ろの方を下げて、口を大きく開けて発音します。

　アメリカ英語では /ɔː/ は、/ɑː/ と発音されることがあります。すると water は「ワーラー」、talk は「ターク」のように聞こえます。

　このように、母音には方言差がありますが、どんな方言であろうと大切なのは、low や boat の母音と、law や bought の母音は、同じ音になることは決してなく、必ず異なる母音として発音されるということです。つまりどの方言でも、2つは、単語の意味を変える2つの異なるカテゴリーの母音なのです。　🎤 120

/oʊ/	/ɔː/
low	law
boat	bought
so	saw

指導のヒント

　/ɔː/ と /oʊ/ を表すつづり字は、いくつかバリエーションがあるものの、ある程度の規則性は存在します。/ɔː/ の代表的なつづり字は、〈au, aw, al〉で

す。珍しいつづり字としては、〈ough〉や〈augh〉もありますが、bought
や caught など例が限られます。

　一方、/oʊ/ の発音は、フォニックスの〈o〉の長音読みであり、〈o, oa,
ow〉などが規則的なつづり字です。〈o〉がどこかに入っているのが特徴で
す。sofa は「ソゥファ」、potato は「ポティトゥ」のように聞こえます。た
だし、〈ow〉は /oʊ/ だけでなく /aʊ/ と読む単語も多くあります（→ Q.17）。
🎤 121

/oʊ/		/ɔː/	
〈o〉	no, go, ago, sofa	〈au〉	pause, author
〈oa〉	boat, coat, road	〈aw〉	law, saw
〈ow〉	know, snow, grow	〈al〉	talk, walk, all

　注意が必要なのは〈ou〉というつづりです。日本語母語話者は、ローマ
字の影響からどうしてもこれを「オゥ／オー」と発音してしまう傾向がある
のですが、〈ou〉は通常 about や loud のように /aʊ/ と発音します。

◀┃ ポイント

	/oʊ/	/ɔː/
舌の高さ 口の開き方	中間→高い 中間→小さい	低い 大きめ
舌の前後位置	後舌を下げた状態→上げる	後舌を下げる
長さ	長め	長め
音色	「オ」から「ウ」へ変化	最初から最後まで「オ」
代表的つづり字	〈o〉〈oa〉〈ow〉	〈au〉〈aw〉〈al〉

指導アイディア

1 次の迷路の START から GOAL までを、/oʊ/ の母音が含まれる単語を
たどってつないでみましょう。縦、横、斜めに進むことができます。

START

know	prove	ago	south	cow	do
count	soap	country	abroad	sofa	thought
don't	bought	down	toes	eyebrow	close
rose	who	move	owner	allow	shoulder
house	hole	host	noun	owl	window

GOAL

ねらい 〈o〉の文字は、単独または他の文字と組み合わせて様々な発音
をすることを確認。/oʊ/ の母音の発音練習。

2 次のカタカナ語を英語で書いてみましょう。英語の発音を聞いて、同じ
母音を持つ単語にグループ分けしてみましょう。 🎤122

ソーダ	オーディオ	ドローン	オーディエンス
ヨガ	オークション	ストーヴ	オーストラリア
オーヴン	ソーセージ	コーチ	ソーラーパネル
オーラ	ヨーグルト	チョーク	ショッピング・モール
コーラス	オートミール	ジョーク	トースター

ねらい 英語は日本語の「オ」「オー」に対応する母音を複数持つことに
気づかせる。英語で書くことで、つづり字と発音の規則性にも目を向ける。

Q42

過去形-ed や複数形-s の発音はどう教えるのか？

　過去形や複数形をつくるときの接尾辞の発音の規則を確認しておきたいです。教える際のポイントはありますか？

A　-ed や -s の発音は、動詞や名詞の最後の音が「無声音」か「有声音」かを区別することがポイントです。発音や聞き取りでは、次の単語とどうつながるのか考えることも大切です。

過去形 -ed の発音規則

　過去形を示す -ed には、/t/, /d/, /ɪd/ の 3 通りの発音があります。いくつか例を見て、規則を確認してみましょう。🎤 123

/t/	shopped, watched, asked, practiced, finished
/d/	played, loved, called, listened, changed
/ɪd/	wanted, started, visited, needed, decided

　この規則を教えるときには、動詞の最後の「音」に注目します。文字ではなく音というのがポイントです。例えば、practice や love の語末の〈e〉は発音されません。最後の音は、practice は /s/、love は /v/ です。

　動詞の最後の音に注目すると、次のような分類ができます。

　-ed を /ɪd/ と発音するのは、動詞が /t/ または /d/ で終わるときです。例えば decide は、/d/ で終わるため /ɪd/ と発音します。

　/ɪd/ と発音すると、母音が入るため音節が 1 つ増えるという点も大切です。start（●）は 1 音節ですが、started（●・）になると 2 音節になります。

　-ed を /t/ と発音するのは、動詞が /p, ʧ, k, s, ʃ/ など「/t/ 以外の無声音で終わるとき」です。-ed を /d/ と発音するのは、動詞が /v, l, n, ʤ/ など「/d/ 以外の有声音で終わるとき」です。有声音には母音が含まれることを覚えておいてください。例えば play /pléɪ/ は母音 /eɪ/ で終わるため、-ed は /d/ と発音します。つまり、規則を理解する上で必要なのは、無声音と有声

音の違いをしっかり覚えておくことです（→ Q.13）。

複数形 -s の発音規則

次に、名詞の複数形語尾 -s の発音を確認します。-s にも /s/, /z/, /ɪz/ の 3 通りの発音があります。🎤 124

/s/	gifts, books, caps, roofs, faiths
/z/	legs, beds, tables, gardens, toys, teachers
/ɪz/	services, roses, brushes, benches, judges

今回も注目すべきは、名詞の最後の「音」です。

まず、-s を /ɪz/ と発音するのは、名詞の最後の音が /s, z, ʃ, ʒ, tʃ, ʤ/ のときです。これらの音は、専門用語では歯擦音（sibilant）と呼びます。この用語を覚える必要はなく、代わりに「スー、ズー、シュー、チャ、ジャ」で終わる音というふうに考えておけば十分でしょう（/ʒ/ で終わる単語は英語には少ないので、覚えておかなくても大丈夫です）。

/ɪz/ と発音するときも、-ed の /ɪd/ と同じように、母音が増えるため音節の数が増えることになります。bench（●）は 1 音節ですが、benches（●•）となると 2 音節です。

-s を /s/ と発音するのは、名詞が「/s, ʃ, tʃ/ 以外の無声音で終わるとき」、-s を /z/ と発音するのは、「/z, ʒ, ʤ/ 以外の有声音で終わるとき」です。

名詞の複数形の例を挙げましたが、動詞の三人称単数現在形の -s や、所有をあらわす -'s も原則として、同じ規則にしたがって発音します。例えば breathes, Meghan's は、有声音 /ð/ や /n/ で終わるため /z/ であり、shocks, Smith's は、無声音 /k/ や /θ/ で終わるため /s/ と発音します。そして catches, Alice's は、/tʃ/ や /s/ で終わるため /ɪz/ と発音するわけです。

指導のヒント：接尾辞の発音

-ed や -s がついた結果として、多くの場合、子音が連続することになります。そのときは、子音と子音の間に余計な母音を入れずに発音するという点に注意します。swims /swímz/ や calls /kɔ́ːlz/ であれば、/mz/ を「ムズ」/lz/ を「ルズ」と発音しないように気をつけましょう。

また、接尾辞の後ろに母音が続くときは、つなげて発音して接尾辞の音をしっかり出します（→ Q.27）。例えば次のようなケースです。 🎤 125

hopped_on /hápt_ɑn/   believes_in /bəlíːvz_ɪn/
              ト   ズィ

-ed や -s の部分は、決して目立つ発音ではありません。特に、-ed は発音されないこともあります。これは、英語では /t/ や /d/ の音は、ある条件下では発音されないことがあるためです。

例えば、next game や world champion のように、語末の /t/ や /d/ が子音で囲まれているときは、下線部の /t/ や /d/ は脱落します（→ Q.37）。このルールは、過去形や過去分詞の -ed の発音にも適用されます。例えば、次のようなケースです。 🎤 126

slipped my mind   /-p(t)m-/   moved back   /-v(d)b-/
mashed potatoes   /-ʃ(t)p-/   judged guilty   /-ʤ(d)g-/

-ed は、文法上は大切な情報を持っているので、省略されることがあるというのはなかなかやっかいです。指導する際には、実際に -ed が省略されている例を聞くとともに、文脈から補う必要があることを伝えましょう。

◢ ポイント

・接尾辞（-ed や -s）の発音は、無声音と有声音の区別がポイント
・発音は、接尾辞（-ed や -s）と次の単語とのつなぎ部分に注意
・聞き取りは、接尾辞（-ed）の消えてしまう /t, d/ に気をつけよう

指導アイディア

1 前日（または先週）の行動を思い出し、20 文作ってみましょう。

例：practice, brush, watch, study, discuss, visit, talk, listen

→　I brushed my teeth after lunch.

　　I visited my best friend's house.

ねらい　自発的な発話の中で、過去形の接尾辞 -ed を含む動詞を発音する練習。ヒントとして、使える規則動詞をリストアップしておくとよい。

2 ペアを作り、一人だけが絵／写真を見ます。パートナーに、どんな絵か英語で説明しましょう。

（例）　It's a picture of a band. There are four members, and all of them are animals. The two guitarists are a dog and a cat. A rabbit is the vocal. A bear is playing the drums.

ねらい　自発的な発話の中で接尾辞 -s を含む名詞や動詞を発音する練習。初級者の場合は、使える単語をあらかじめあげておくとよい。

付録：音声指導をもっと深く知るために

※ 2020 年 3 月現在の情報

音声指導・教材

◎ *Clear speech*, 4th ed.（J. B. Gilbert, 2012, Cambridge University Press）
◎ *English pronunciation in use elementary*（J. Marks, 2017, Cambridge University Press）
◎ *English pronunciation in use intermediate*（M. Hancock, 2017, Cambridge University Press）
◎ *Pronunciation practice activities: A resource book for teaching English pronunciation*（M. Hewings, 2004, Cambridge University Press）
◎ BBC Learning English
　http://www.bbc.co.uk/learningenglish/english/
◎ Color Vowel Chart
　https://americanenglish.state.gov/resources/color-vowel-chart
◎ Hancock McDonald English Language Teaching
　http://hancockmcdonald.com/
◎ Pronunciation for Teachers
　http://www.pronunciationforteachers.com/

※上記以外に、参考文献中の竹林（2019）、松家（2008）、Blevins（2017）はフォニックス、Celce-Murcia ら（2010）はアメリカ英語の音声に関する書籍としてお勧めします。

音声学

◎ 『音とことばのふしぎな世界―メイド声から英語の達人まで』（川原繁人、2015年、岩波書店）
◎ 『大人の英語発音講座』（英語音声学研究会、2003 年、NHK 出版）
◎ 『初級英語音声学』（竹林滋・清水あつ子・斎藤弘子、2013 年、大修館書店）
◎ 『たのしい音声学』（竹内京子・木村琢也、2019 年、くろしお出版）
◎ 『日本語音声学入門（改訂版）』（斎藤純男、2006 年、三省堂）
◎ Sounds of Speech
　https://soundsofspeech.uiowa.edu/home

世界の英語

◎ 『World Englishes 世界の英語への招待』（田中春美・田中幸子、2012 年、昭和堂）
◎ 東京外国語大学言語モジュールの英語ページ
　　http://www.coelang.tufs.ac.jp/mt/en/
◎ ELLLO（English Listening Lesson Library Online）
　　http://www.elllo.org/
◎ IDEA（International Dialects of English Archive）
　　https://www.dialectsarchive.com/
◎ The Speech Accent Archive　　http://accent.gmu.edu/

ニュース

◎ BBC　　https://www.bbc.com/
◎ CNN　　https://edition.cnn.com/
◎ HUFFPOST　　https://www.huffpost.com/
◎ NHK RADIO JAPAN Podcasting
　　https://www.nhk.or.jp/podcasts/program/nhkworld.html
◎ NHK WORLD-JAPAN　　https://www3.nhk.or.jp/nhkworld/
◎ VOA　　https://www.voanews.com/

オンライン辞書

◎ Cambridge Dictionary
　　https://dictionary.cambridge.org/
◎ Longman Dictionary of Contemporary English Online
　　https://www.ldoceonline.com/
◎ Merriam-Webster Learner's Dictionary（アメリカ発音のみ）
　　https://learnersdictionary.com/
◎ Oxford Learner's Dictionaries
　　https://www.oxfordlearnersdictionaries.com/

参考文献

窪薗晴夫．（1999）．「歌謡におけるモーラと音節」『文法と音声 II』音声文法研究会編．東京：くろしお出版．241-260．

清水あつ子．（2011）．「国際語としての英語と発音教育」『音声研究』*15*(1), 44-62.

杉本淳子・内田洋子．（2020, in press）．「英語教員養成における音声学教育：日本人英語教員のための〈教職音声学〉試案」『音声研究』*23*(3).

竹林滋．（2019）．『新装版 英語のフォニックス：綴り字と発音のルール』東京：研究社．

竹林滋・斎藤弘子．（2008）．『新装版 英語音声学入門』東京：大修館．

成田圭市．（2009）．『英語の綴りと発音：「混沌」へのアプローチ』名古屋：三惠社．

堀田隆一．（2016）．『英語の「なぜ？」に答える はじめての英語史』東京：研究社．

松香洋子．（2008）．『フォニックスってなんですか？』東京：mpi.

Blevins, W. (2017). *Phonics from A to Z: A practical guide* (3rd ed.). New York: Scholastic.

Braine, G. (2010). *Nonnative speaker English teachers: Research, pedagogy, and professional growth.* New York: Routledge.

Brown, A. (1991). Functional load and the teaching of pronunciation. In A. Brown (Ed.), *Teaching English pronunciation* (pp. 221-224). London: Routledge.

Catford, J. C. (1987). Phonetics and the teaching of pronunciation: A systemic description of English phonology. In J. Morley (Ed.), *Current perspectives on pronunciation* (pp. 87-100). Washington, D.C.: TESOL.

Celce-Murcia, M., Brinton, D. M., Goodwin, J. M. (with Griner, B.). (2010). *Teaching pronunciation: A course book and reference guide* (2nd ed.). New York: Cambridge University Press.

Collins, B., Mees, I. M., & Carley, P. (2019). *Practical English phonetics and phonology: A resource book for students* (4th ed.). London: Routledge.

Cruttenden, A. (2014). *Gimson's pronunciation of English* (8th ed.). London: Routledge.

Crystal, D. (2019). *The Cambridge encyclopedia of the English language* (3rd ed.). Cambridge: Cambridge University Press.

Davies, Mark. (2008-). The Corpus of Contemporary American English (COCA): 520 million words, 1990-present. Retrieved November 23, 2019, from http://corpus.byu. edu/coca/

Derwing, T. M., & Munro, M. J. (2015). *Pronunciation fundamentals.* Amsterdam: John Benjamins Publishing Company.

Field, J. (2005). Intelligibility and the listener: The role of lexical stress. *TESOL Quarterly, 39*(3), 399-423.

Field, J. (2008). *Listening in the language classroom.* Cambridge: Cambridge University Press.

Foote, J. A., Holtby, A. K., & Derwing, T. M. (2011). Survey of the teaching of pronunciation in adult ESL programs in Canada, 2010. *TESL Canada Journal, 29*, 1-22.

Heilman, A. W. (2006). *Phonics in proper perspective* (10th ed.). Upper Saddle River, NJ: Pearson Prentice Hall.

Henderson, A., Frost, D., Tergujeff, E., Kautzsch, A., Murphy, D., Kirkova-Naskova, A., Waniek-Klimczak, E., Levey, D., Cunningham, U., & Curnick, L. (2012). The English pronunciation teaching in Europe survey: Selected results. *Research in Language, 10* (1), 5-27.

Jenkins, J. (2000). *The phonology of English as an international language*. Oxford: Oxford University Press.

Jenkins, J. (2007). *English as a lingua franca: Attitude and identity*. Oxford: Oxford University Press.

Kachru, B. B. (1992). Teaching world Englishes. In B.B. Kachru (Ed.), *The other tongue: English across cultures* (2nd ed., pp. 355-365). New York: Springer.

Levis, J. M. (2005). Changing contexts and shifting paradigms in pronunciation teaching. *TESOL Quarterly, 39*(3), 369-377.

Levis, J. M. (2015). Learners' views of social issues in pronunciation learning. *Journal of Academic Language and Learning, 9*(1), A42-A55.

Levis, J. M. (2018). *Intelligibility, oral communication, and the teaching of pronunciation*. Cambridge University Press.

Ma, L. P. F. (2012). Advantages and disadvantages of native- and nonnative-English-speaking teachers: Student perceptions in Hong Kong. *TESOL Quarterly, 46*(2), 280-305.

Maddieson, I. (2013a). Presence of uncommon consonants. In Matthew S. Dryer & Martin Haspelmath (Eds.). *The world atlas of language structures online*. Leipzig: Max Planck Institute for Evolutionary Anthropology. Retrieved November 23, 2019 from http://wals.info/chapter/19

Maddieson, I. (2013b). Vowel quality inventories. In Matthew S. Dryer & Martin Haspelmath (Eds.). *The world atlas of language structures online*. Leipzig: Max Planck Institute for Evolutionary Anthropology. Retrieved December 10, 2019 from http://wals.info/chapter/2

Moussu, L., & Llurda, E. (2008). Non-native English-speaking English language teachers: History and research. *Language Teaching, 41*(3), 315-348.

Muller Levis, G., & Levis, J. (2016). Integrating pronunciation into listening/speaking classes. In T. Jones (Ed.) *Pronunciation in the classroom: The overlooked essential* (pp. 27-42). Alexandria, VA: TESOL.

Munro, M. & Derwing, T. M. (1995). Foreign accent, comprehensibility, and intelligibility in the speech of second language learners. *Language Learning, 45*(1),

73-97.

Murphy, J. M. (2014). Teacher training programs provide adequate preparation in how to teach pronunciation. In L. Grant (Ed.), *Pronunciation Myths* (pp. 188-224). Ann Arbor: University of Michigan Press.

Pennington, M. C. & Rogerson-Revell, P. (2019). *English pronunciation teaching and research: Contemporary perspectives.* London: Palgrave Macmillan.

Rogerson-Revell, P. (2011). *English phonology and pronunciation teaching.* New York/ London: Continuum.

Szpyra-Kozłowska, J. (2015). *Pronunciation in EFL instruction: A research-based approach.* Bristol: Multilingual Matters.

Sugimoto, J., & Uchida, Y. (2016). A variety of English accents used in teaching materials targeting Japanese learners. *Proceedings of ISAPh2016: Diversity in Applied Phonetics, 43-47.*

Sugimoto, J. & Uchida, Y. (2018a). Accentedness and acceptability ratings of Japanese English teachers' pronunciation. In J. Levis (Ed.), *Proceedings of the 9th Pronunciation in Second Language Learning and Teaching conference,* 30-40. Ames, IA: Iowa State University.

Sugimoto, J., & Uchida, Y. (2018b). How pronunciation is taught in English textbooks published in Japan. *Seishin Studies, 130,* 3-35.

Takagi, N. (2002). The limits of training Japanese listeners to identify English /r/ and /l/: Eight case studies. *The Journal of the Acoustical Society of America, 111,* 2887-2896.

Uchida, Y., & Sugimoto, J. (2018). A survey of pronunciation instruction by Japanese teachers of English: Phonetic knowledge and teaching practice. *Journal of the Tokyo University of Marine Science and Technology, 14,* 65-75.

Uchida, Y., & Sugimoto, J. (2019). Non-native English teachers' confidence in their own pronunciation and attitudes towards teaching: A questionnaire survey in Japan. *International Journal of Applied Linguistics.* Advance online publication, 1-16.

Uchida, Y., & Sugimoto, J. (2020). Pronunciation goals of non-native English teachers in the EFL classroom: Ambivalence toward native-like and intelligible pronunciation. *The Language Teacher, 44*(1), 3-9.

Wells, J. (2006). *English intonation: An introduction.* Cambridge: Cambridge University Press.

索　引

著者紹介

内田　洋子 (うちだ・ようこ)
東京海洋大学教授。ウィスコンシン大学マディソン校大学院
修士課程修了。東京外国語大学大学院博士後期課程修了。専
門は英語音声学、国際共通語としての英語。主な著書に、『大
人の英語発音講座』(共著、NHK 出版、2003 年)、『実践音声
学入門』(共訳、大修館書店、2006 年)がある。

杉本　淳子 (すぎもと・じゅんこ)
聖心女子大学准教授。東京外国語大学大学院博士前期課程お
よびロンドン大学(UCL)大学院修士課程修了。東京外国語大
学大学院博士後期課程満期退学。専門は英語音声学、発音指
導。主な著書に、『大人の英語発音講座』(共著、NHK 出版、
2003 年)、『最新英語学・言語学用語辞典』(分担執筆、開拓
社、2015 年)がある。

日本音楽著作権協会(出)許諾第 2001554-001 号
(本文 130-131 ページ)

英語教師のための　音声指導 Q&A

2020 年 4 月 30 日　初版発行

著　者	内田　洋子・杉本　淳子
発行者	吉田　尚志
印刷所	研究社印刷株式会社
発行所	株式会社　研究社 〒 102-8152 東京都千代田区富士見 2-11-3 電話 (編集) 03 (3288) 7711 (代) 　　　(営業) 03 (3288) 7777 (代) http://www.kenkyusha.co.jp
組　版	株式会社明昌堂
装　幀	Malpu Design (宮崎萌美)

KENKYUSHA
〈検印省略〉

ⓒ Uchida Yoko and Sugimoto Junko, 2020
ISBN 978-4-327-41103-9 C3082
Printed in Japan